ESSAI HISTORIQUE

SUR LA

COMMUNE DE BEAURAINS

(PAS-DE-CALAIS)

PAR JULES-AIMÉ COTTEL
LAURÉAT DE L'ACADÉMIE D'ARRAS

Gloria in excelsis Deo et in terra.
(*Devise paroissiale de Beau*

ARRAS
IMPRIMERIE DE LA SOCIÉTÉ DU PAS-DE-CALAIS
P.-M. LAROCHE, DIRECTEUR.

1893

ESSAI HISTORIQUE

SUR LA

COMMUNE DE BEAURAINS

Imprimé à cent vingt exemplaires

(Cet ouvrage n'a pas été mis dans le commerce)

N° ....

ESSAI HISTORIQUE

SUR LA

COMMUNE DE BEAURAINS

(PAS-DE-CALAIS)

PAR JULES-AIMÉ COTTEL

LAURÉAT DE L'ACADÉMIE D'ARRAS

Gloria in excelsis Deo et in terra.
(*Devise paroissiale de Beaurains*)

ARRAS

IMPRIMERIE DE LA SOCIÉTÉ DU PAS-DE-CALAIS

P.-M. LAROCHE, DIRECTEUR.

1893

ÉPITRE DÉDICATOIRE

Beau pays de France, ô ma noble patrie, c'est avec le désir d'ajouter un faible jet de lumière aux innombrables rayons de votre gloire, que j'ai puisé, dans la source intarissable des Archives, les renseignements pouvant aider à retracer l'histoire d'un petit village de l'Artois.

Hommes d'État, investis des plus hautes dignités gouvernementales, qui par votre sagesse maintenez si bien la renommée de notre nation ; graves législateurs, orateurs éloquents, ardents défenseurs de nos plus chères libertés ; vaillants soldats et intrépides marins, magistrats intègres et consciencieux, poètes illustres, artistes distingués, inventeurs et hommes de science, hardis explorateurs, historiens érudits, modestes et savants bénédictins, artisans honnêtes et laborieux, ouvriers habiles, paisibles laboureurs, riches et pauvres, forts et faibles, n'est-il pas vrai de dire que c'est toujours avec un tressaillement d'orgueil que vous pensez à ces mots : Je suis Français ? Oh ! oui, vous êtes Français par la noblesse de vos sentiments, par la droiture et la générosité de votre cœur. Aussi, est-ce avec un indicible bonheur que, dans les jours de fête où l'on exalte le glorieux passé d'un enfant de la mère-patrie, vous entendez sortir de plusieurs milliers de poitrine ce cri d'allégresse et d'amour :

VIVE LA FRANCE! alors tous les cœurs battent à l'unisson, et on est heureux de voir que le patriotisme domine partout. Ce même cri, répété d'une voix unanime, augmente encore l'amour sublime qui nous porte à honorer la patrie française, à la servir, à la défendre s'il le faut, avec un sincère et inaltérable dévouement. Avec de tels hommes, notre pays continuera d'irradier parmi les nations comme un astre resplendissant dont l'éclat ne peut disparaître, et on pourra redire mille et mille fois : HONNEUR AUX FRANÇAIS ! VIVE LA FRANCE !

BEAURAINS (Pas-de-Calais)

Pl. 1.

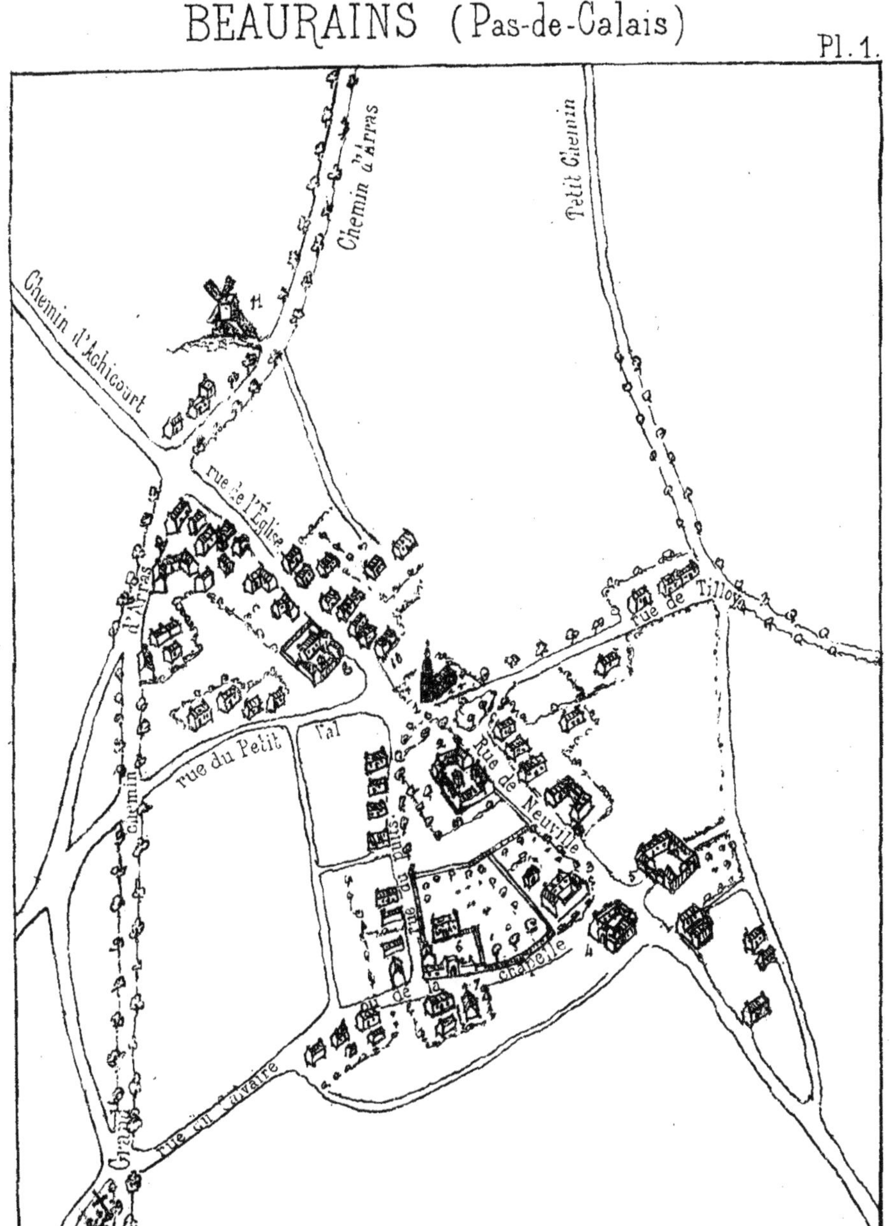

Le Village, vers le milieu du XVIIIe siècle

1. L'Église et le Cimetière.
2. Ferme principale de M. du Carieul, seigneur de Beaurains.
3. Petite Ferme de M. du Carieul.
4. Ferme de M. de Beauffort.
5. Ferme de M. Boucquel de Lagnicourt.
6. Ferme de M. Leducq.
7. Chapelle de M. Leducq.
8. Ferme de M. Lefebvre.
9. La Croix ou le Calvaire.
10. Presbytère.
11. Moulin à farine de M. Lefebvre.

PREMIÈRE PARTIE

§. 1. — **Beaurains et ses Seigneurs.**

Situé à une demi-lieue d'Arras, au sud de cette ville, le village de Beaurains présente un aspect assez agréable. Il est traversé du nord au sud par la route nationale numéro 37, et de l'est à l'ouest par le chemin de grande communication numéro 5. La plupart de ses maisons sont bien construites, quelques-unes sont même regardées comme de jolies maisons de campagne. Il faut dire, toutefois, qu'avant d'arriver à l'église on voit, vers la gauche, un vallon étroit où l'on descend, de plusieurs côtés, par une pente assez rapide. Les maisons qui ont été bâties au milieu de ce terrain, sont d'un accès difficile dans les moments de grande pluie et de fonte de neige, parce que l'eau s'y déverse avec abondance et devient parfois un sujet d'inquiétude pour les habitants. Cet endroit était anciennement couvert d'une couche épaisse de sable qui a dû servir, en partie, à la construction des fortifications de la ville d'Arras. Voici du reste ce que le Père Ignace en a dit dans son *Dictionnaire du diocèse d'Arras* : « L'église succursale de ce lieu était autrefois de niveau avec le terrain voisin sur lequel elle est située ; mais, depuis le commencement de ce siècle, l'on a tiré une si grande quantite de sable autour de cette église, que les environs sont considérablement baissés depuis lors, de telle sorte qu'elle est à présent sur une élévation, dans un cimetière dont les extrémités de la hauteur du terrain font les limites » (1).

Quelques chaumières groupées autour d'une ferme seigneuriale et d'une église, telle a dû être, à son origine, cette commune qui, d'après le *Mémorial* de M. Harbaville, aurait tiré son nom du voisinage de la forêt de Mofflaines : « Le mot *rain*, dit-il, signifie la lisière d'un bois et les terres qui y sont contiguës » (2).

D'un autre côté, le Père Ignace nous apprend qu'en l'an 1510, près de ce lieu subsistait encore un bois que l'on appelait la petite forêt de Beaurains. De plus, il dit aussi que ce village était autrefois environné de bois : « Son étymologie nous l'indique, car on l'appelait anciennement *Vicus de bello ramo*, bois dont les branches ou rames étoient belles et hautes, *bellus ramus*, en basse latinité rendue par le mot Beaurains. Le nom lui est resté et le bois a été détruit » (3).

Sur le territoire de Beaurains, vers Mercatel et Neuville-Vitasse, on voit encore quelques buissons qui semblent indiquer qu'autrefois ces endroits étaient plantés d'arbres. Il est à regretter que ces bois aient disparu, car le village est maintenant trop découvert ; on n'y rencontre plus ni vergers, ni bosquets et de telle sorte les grands vents viennent s'abattre sur les maisons, endommagent souvent les toitures et influent peut-être aussi sur la population. En effet, ne serait-ce pas à cette influence qu'il faudrait attribuer le tempérament nerveux, le caractère altier des habitants et les maladies chroniques qui ont fait tant de victimes ? Il serait avantageux, pour l'avenir, d'avoir dans les jardins limitrophes, au moins une rangée de grands arbres abritant les maisons et remplacant, en quelque sorte, la petite forêt mentionnée par le Père Ignace.

Après cet exposé topographique et pour revenir à l'ancienneté du village, si nous consultons encore le *Mémorial* de M. Harba-

(1) Le Père Ignace était un religieux du couvent des Capucins d'Arras. Les nombreux manuscrits qu'il a composés vers 1730, font partie de la bibliothèque de cette ville (Voyez l'ouvrage de M. Paul Laroche intitulé : *La famille Le Carlier et le Père Ignace, capucin*).

(2) *Mémorial historique et archéologique du Pas-de-Calais*, t. I, page 138.

(3) *Dictionnaire* du Père Ignace précité.

ville, nous voyons que « Beaurains, ses dépendances et son église furent compris dans une donation faite au chapitre d'Arras, par saint Vindicien, en 674 » et que saint Liébert, évêque de Cambrai, accorda en 1070, au même chapitre, l'autel de *Belrain* libre de toute redevance. Nous voyons aussi que, lors de la fondation de l'hôpital d'Arras en 1179, Philippe d'Alsace accorda à cet établissement des rentes sur Beaurains.

Ces trois dates formant, pour ainsi dire, le point de départ de notre histoire, nous allons maintenant nous appuyer sur des documents authentiques, en évitant toutes les conjectures qui pourraient nous faire tomber dans des erreurs regrettables.

En 1190, Hugues, curé d'Acq, ayant résolu de se rendre en l'Abbaye de Saint-Vaast pour y prendre la robe monacale, donna à ce monastère douze mesures de terre à Beaurains et deux courtils à Arras (1). Un vieux cartulaire de la dite abbaye fait mention de « dix mencaudées de terre appartenant à l'aumône, » dont cinq mencaudées données par Hugues de Neuville, et cinq autres tenues en fief et en cens par Garnier Arson « homme de Saint-Vaast, » moyennant huit « mencauds » de froment ; ce cens devait être payé à l'*hospitarius*, en la fête de saint Remi. Chaque année, en cette même fête, les chanoines de Notre-Dame-de-Cité à Arras devaient remettre audit *hospitarius* deux mencauds de froment de la dîme de Beaurains (2).

On sait que, sous le règne de Philippe-Auguste, la cruelle maladie de la lèpre vint affliger notre pays ; elle s'y propagea à tel point qu'en beaucoup de contrées il fallut établir des hospices pour secourir les personnes qui en étaient atteintes. C'est ainsi qu'une maison nommée la maladrerie du Petit-Val fut érigée à Beaurains afin d'y soigner les lépreux ; on verra plus loin, dans un chapitre spécial, quelle fut l'importance des biens qui étaient affectés à cet établissement charitable.

Anciennement, les combats ou provocations à l'épée n'étaient

(1) Archives du Pas-de-Calais, série H. Premier livre des *privilèges de l'Abbaye de Saint-Vaast,* folio 69.

(2) Cartulaire de Guimann, folio 84 verso commençant par ces mots : *In Belloramo.* — L'*hospitarius* était le gardien ou l'économe de l'abbaye de Saint-Vaast.

pas rares à Beaurains, car il est dit dans un procès-verbal du mois de juin 1307 que, plus d'une fois, on a vu « sakier pluseurs gens espées les uns contre les autres en le vile de Biaurain, devant le moustier et d'encoste le fontaine. » Un nommé Hanot de Pumiers ayant reçu, dans une de ces rencontres, des blessures assez graves, le maire et les échevins d'Arras ordonnèrent une enquête afin de pouvoir châtier les coupables. Toutefois, une question de juridiction arrêta pendant quelque temps le cours de la justice : il s'agissait, avant tout, de savoir si ces coupables devaient être jugés par l'échevinage d'Arras ou par le bailli de cette ville. On ignore quelle fut la suite donnée à cette affaire, mais ce qui intéresse le plus dans les dépositions des témoins, c'est qu'elles font connaître l'existence d'un château : « le chastel de Biaurain, » situé à proximité de l'église. Ce château devait être l'habitation seigneuriale ou la ferme qui appartint au XVIe siècle à Jean de Markais, seigneur de Villers, et qui devint plus tard la propriété de M. Boucquel de Lagnicourt (1).

Dans l'enquête précitée, il est dit que la croix de Beaurains formait une limite de la banlieue criminelle d'Arras et de la juridiction échevinale de cette ville. On y voit aussi que les criminels étaient quelquefois traînés sur une *claie*. Ce genre de supplice n'était plus en usage au XVIIIe siècle, car il n'est pas mentionné dans l'ordonnance du Conseil d'Artois relative au salaire des bourreaux dont la taxe est réglée de la manière suivante : « Pour brûler, 90 livres ; pour jet des cendres au vent, 6 livres ; pour rompre, 60 livres ; pour exposer sur la roue, 15 livres ; pour conduire aux fourches patibulaires, 3 livres. »

Il est à remarquer que si la juridiction de l'échevinage d'Arras s'étendait autrefois jusqu'à la croix de Beaurains, elle fut dans la suite des temps considérablement restreinte. Au XVe siècle elle était limitée à la maladrerie du Petit-Val, ainsi que le prouve un cartulaire des archives municipales dans lequel on lit : « S'ensuit l'étendue de la banlieue criminelle de la dite ville d'Arras, depuis le porte de Ronville jusques au bourne qui est

(1) Voyez Pièces justificatives n° 1 et la troisième partie, § 1.

emprès le puis de la petite maladrie, à l'opposite de Beaurains sur le chemin de Bapalmes » (1).

Parmi les titres transcrits au cartulaire de l'hôpital Saint-Jean d'Arras nous avons trouvé deux actes qui méritent d'être mentionnés ici : 1° La vente faite en 1316 par « Pières de Marseille et Marguerite sa femme, » de quatre mencaudées de terre au terroir de Beaurains, lieu dit « le Grand-Camp » ; 2° Une autre vente faite en 1331 par François, Isabeau et Juliane de Marzelles, frère et sœurs, de quatre mencaudées et demie de terre à Beaurains « daales Arras. »

Semblable mention doit être accordée à un registre intitulé : « Compte du don ou aide fait à Madame par son païs d'Artois en 1375, » et dans lequel on lit ces mots : « De le vile de Beaurains qui paye au Roy pour an royal de 14 s. 7 d. pour Madame 9 s. 8 d. » (2).

Notons aussi qu'en 1478 Thomas Le Normant, fermier du chapitre d'Arras au village de Beaurains, devait payer chaque année six chapons à l'église d'Arras « pour un manoir non amazé contenant demi mencaudée de terre près du courtil du *castel* de Beaurains » (3).

L'histoire des seigneurs de Beaurains étant étroitement liée à celle du village, nous allons d'abord établir une partie de la filiation de leurs familles et nous ferons connaître, dans un chapitre subséquent, l'importance de leurs domaines.

Nicolas DE BELLORAMO (de Beaurains), fils de Pierre, ainsi que Jacques et Nicolas ses frères, ont comparu dans une enquête de l'an 1269 relative à la haute justice d'Aubigny (4). On pourrait supposer que cette famille a tiré son nom du village de Beaurains-lez-Arras, puisque quatre siècles plus tard Christophe de Beaurains, conseiller au Conseil d'Artois, et Antoinette de Beaurains, sa fille, avaient en propriété la maison des Watines dont

(1) Cartulaire en parchemin coté C, commençant en 1569. (Voyez *Le Vieil Arras*, par M. Le Gentil, page 569).

(2) Copie signée Poitart de Fischeux. (Archives du Pas-de-Calais, fonds des Etats d'Artois).

(3) Archives précitées, fonds du Chapitre d'Arras.

(4) d° série A.

nous nous occuperons plus loin. Leurs armoiries étaient *d'azur au chevron d'or, accompagné de deux étoiles d'or en chef, et en pointe d'une colombe d'argent portant au bec un rameau d'or* (1).

En 1436, Guillaume de Croix, bailli de Beaurains pour « noble homme Jacques de Beauvoir, escuier, » comparut dans une vente faite par Jean Sacquespée et Isabelle Mansel, sa femme, de soixante mencaudées de terre situées au dit lieu (2).

Ce même Jacques de Beauvoir, seigneur de Beaurains, était lieutenant du bailli d'Amiens en 1440. Il présenta à l'abbé de Saint-Vaast, en 1444, un dénombrement qui comprend 1° un manoir amazé avec jardin et vivier ; 2° un champ de treize mencaudées « entre le Petit Val et les hayes des courtiaulx du dit lieu, » tenant au chemin d'Arras à Bapaume ; 3° « un camp de terre séant devant le justice, tenant au quemin dessus dit. » Ce dénombrement contient l'indication de divers champs situés aux lieux dits *le Saulchoy*, *les terres du Chastel, les Maladiaulx*, *le camp des Cocquemeux*, *la justice du Virebin*, *les savelonnières de Brabanchon*, *le Sart*, etc. (3).

Le 27 mai 1547, Marie de Beauffort, veuve de Robert du Bois, seigneur du Bois-Bernard et d'Oppy, donna à « honorable homme Me Pierre de la Salle, licencié ès loix, seigneur de Beaurains et Terramaisnil, » le dénombrement d'un fief nommé *le pooir des Alloes*, dépendant de la seigneurie de Beaurains (4).

Vers le commencement du XVIe siècle, la seigneurie de Beaurains appartenait à Antoine Briois, bourgeois d'Arras ; Marie Briois, sa fille unique, dame de Beaurains et de Terramaisnil, fut mariée à Pierre de la Salle ; ils eurent, entre autres enfants, Pierre de la Salle, seigneur de Terramaisnil, Mercatel et Moyenneville, qui fut anobli en 1555. Celui-ci épousa Nicolle Turpin, fille de Jean, seigneur de Lagnicourt ; il en eut trois filles, dont la dernière, Marguerite de La Salle, dame de Beaurains, fut

(1) Voyez la troisième partie : *Fermes seigneuriales*.

(2) Archives du Pas-de-Calais, fonds de l'abbaye de Saint-Vaast.

(3) Voyez pièces justificatives, n° 2.

(4) Le *Pouvoir des Alouettes* était situé au terroir de Ronville et faisait partie de la banlieue d'Arras. (Archives du Pas-de-Calais, fonds de l'abbaye de Saint-Vaast).

mariée à Robert de Bertoult, seigneur de Fiefs, Wailly et Mercatel (1).

En 1648, la seigneurie de Beaurains passe des de Bertoult aux du Carieul par le mariage de Claudine de Bertoult, dame de Fiefs, avec Guillaume du Carieul, seigneur de Boubers. Leur fils Jacques-François du Carieul, seigneur de Beaurains, Boubers, Fiefs et Beauquesne, épousa Marie-Jeanne-Valentine Delattre d'Ayette, dont il eut deux fils ; l'aîné Philippe du Carieul, seigneur de Fiefs, Beaurains et Beauquesne, s'allia par mariage en 1720 avec Marie-Anne-Joseph-Valentine de Hautecloque, dame de Ligny-Saint-Flochel. Leur fils, Adrien-François-Valentin du Carieul, marquis de Fiefs et seigneur de Beaurains, fut député aux États d'Artois en 1750 ; quelques années plus tard, il abandonna aux habitants de Beaurains une grande partie de son manoir seigneurial, afin d'y transférer le cimetière et de reconstruire l'église et le presbytère. Il avait épousé mademoiselle de Cordonois de Montebis et en eut une fille, Valentine-Charlotte du Carieul, héritière des seigneuries de Fiefs, Beaurains et Beauquesne, qui fut mariée en 1770 à Amable-Hubert-Marie de Mallet-Coupigny, seigneur de Verchocq, Écoivres et autres lieux. Fortuné-Louis-Joseph-Valentin-Hubert de Coupigny, leur fils, épousa Pauline de Monts et mourut sur l'échafaud pendant la Révolution. Les armoiries de la famille Mallet de Coupigny : *d'azur à l'écu d'or et au chef de gueules chargé de trois boucles d'or*, sont gravées sur la cloche de l'église de Beaurains ; celles des du Carieul étaient *d'argent au sautoir de gueules*.

Après la chronologie qui précède, il faut encore citer plusieurs familles qui possédèrent à Beaurains quelques autres domaines seigneuriaux.

Louis Le Sergeant, bourgeois d'Arras, anobli par lettres du 20 juin 1614, avait en propriété une ferme nommée *la maison des Watines;* il épousa Jeanne Denis, dame d'Oresmeaux, dont il eut cinq enfants. Son fils, Jean-Philippe-Ignace Le Sergeant, fut seigneur en partie de Beaurains et d'Hendecourt ; de son mariage avec Marie-Françoise de Groseillers il eut, entre autres

(1) Voyez pièces justificatives, n° 4.

enfants, Louis-Joseph Le Sergeant, seigneur de Beaurains et Hendecourt, qui épousa en 1698, Marie-Isabelle-Ursule des Lyons. Louis-Joseph Le Sergeant vendit la seigneurie des Watines, avec ses dépendances et sa chapelle, à Christophe de Beaurains qui la laissa à Antoinette de Beaurains, sa fille (1). Celle-ci fut mariée à Jean-François Mailliet, seigneur de Liettre ; étant devenue veuve elle abandonna sa maison des Watines, par un arrentement perpétuel du dernier jour de février 1707, à Augustin Leducq, trésorier de la Chancellerie d'Artois, pour la somme de 18,535 livres. Cette seigneurie fut possédée ensuite par M. Poitart, avocat à Arras. Elle a été vendue en 1781 à M. Thiébault, conseiller et substitut au Conseil d'Artois.

Une autre propriété, non moins importante que celle des Watines, appartenait en 1720 à Antoine-Dominique-François de Coupigny, seigneur de Bellaire ; elle fut vendue à Jean-Baptiste Boucquel, seigneur de Lagnicourt, Sarton et Noreuil. Ce dernier eut un fils nommé Eugène-François-Félix Boucquel, seigneur d'Hamelincourt, « chastel de Beaurains, » etc., qui épousa Marie-Marguerite-Guislaine-Joseph Quarré du Repaire. De ce mariage naquit Jean-Guislain-Marie Boucquel, seigneur de Beaurains en partie, Beauval et autres lieux, marié en 1775 avec Marie-Françoise-Hyacinthe-Imbert de la Bazecque. Les frères du dit Eugène furent : 1° Charles-Hector Boucquel, seigneur de Lagnicourt ; 2° François-Guislain Boucquel, seigneur de Lacomté ; 3° François Boucquel, seigneur de Warlus ; 4° Pierre-Henri Boucquel, lieutenant au régiment de Navarre. Ce dernier abandonna le service militaire pour prendre l'état ecclésiastique et devint chanoine d'Arras ; il mourut sur l'échafaud de la Révolution en 1793. Ces seigneurs avaient pour armoiries : *écartelé aux* 1 *et* 4 *de gueules à l'écusson d'argent ; aux* 2 *et* 3 *d'azur à la fasce d'or* (2).

Dès le XVe siècle la famille de Beauffort fut en possession d'une seigneurie voisine de celles qui précèdent. Jean de Beauffort,

(1) Voyez la troisième partie : *Fermes seigneuriales.* — Christophe de Beaurains fut d'abord avocat et devint conseiller au Conseil d'Artois, il avait épousé Marie-Suzanne Saultin dont il eut dix enfants.

(2) Voyez la troisième partie : *Fermes seigneuriales.*

chevalier, seigneur de Saulchoy et d'Hersin, épousa par contrat du 19 mars 1424 Marie de Paris, dame de Beaurains, Lassus, Bullecourt et autres lieux, fille de Jean et d'Hélène de Bernemicourt. Ils eurent cinq enfants parmi lesquels nous citerons seulement Jeannet ou Jean de Beauffort, seigneur en partie de Beaurains, qui mourut le 11 mars 1496 ; il avait épousé en 1475 Jeanne Le Borgne, dame de Bailleul-aux-Cornailles et de Méricourt. De leur mariage naquirent sept fils et huit filles. Jean de Beauffort, fils de Jeannet, épousa en premières noces, par contrat du 22 décembre 1513, Madeleine de Sacquespée, dame de Quéant, et en secondes noces, par contrat du 17 mai 1533, Cornélie de Kilz, morte en 1561. Il eut treize enfants de sa première femme et deux de la seconde.

Hugues de Beauffort, seigneur de Lassus, Saulchoy, Hersin et Beaurains en partie, fils du dit Jean et de Cornélie de Kilz, épousa Marguerite de Leval dont il eut, entre autres enfants, Jean-Baptiste de Beauffort, seigneur de Lassus et du Ponchel, né le 28 août 1585. Ce dernier fut avocat à Arras et épousa en 1623 Jeanne de Belvalet. De ce mariage vinrent plusieurs enfants parmi lesquels on trouve Antoine-Joseph de Beauffort, né au mois de mai 1635, qui prit pour femme, en 1675, Antoinette-Adrienne du Mont-Saint-Eloy. Il présenta au roi Louis XIV, le dénombrement ci-après, en date du 20 septembre 1686 : « C'est le rapport et dénombrement que moy messire Antoine-Joseph de Beauffort, chevalier, seigneur de Lassus, Cauroy, Beaurains et autres lieux, frère et héritier substitué de Eugène de Beauffort, vivant prestre de l'Oratoire de Jésus, et iceluy nepveu et héritier d'Antoine de Beauffort, escuier, seigneur de Warnicamps et autres lieux, baille et présente à très haut et très puissant prince Louis XIV, roy de France et de Navarre, comte d'Arthois, d'un fief que je tiens et advoue tenir de Sa Majesté ad cause de son chasteau d'Arras, lequel se consiste en deux pièces de terre labourable au terroir dudit Beaurains, la première contenant six mencaudées et une boistelée séante à la vallée de la Justice..... ; la seconde contenant cinq mencaudées et un boisseau séant dessus le val du Mont Théry en venant vers ledit Beaurains, tenant à quatre mencaudées du sieur Le Sergeant et d'autre au chemin de Mercatel, etc.

signé : Beaufort-Lassus » (1). Ledit Antoine-Joseph de Beauffort mourut au château du Cauroy, le 4 octobre 1694, et laissa huit enfants.

François-Joseph de Beauffort, chevalier, seigneur de Lassus, Saulchoy, Le Cauroy, Beaurains et Hanescamps, second fils d'Antoine-Joseph de Beauffort et d'Antoinette-Adrienne du Mont-Saint-Eloy, épousa en 1722 Marie-Florence de Coupigny, dont il eut huit enfants. Le troisième de ces enfants, Emmanuel-Constant-Joseph, baron de Beauffort, prit alliance en 1776 avec Victoire-Caroline de Beauffort, de ce mariage sont nés deux fils et six filles. L'aîné des fils, Charles-Augustin-Marie, baron de Beauffort, né en 1781, épousa Marie-Caroline Le Clerc de Juigné dont il a eu deux enfants (2).

Nous devons reprendre maintenant la dernière moitié du XVIe siècle, afin de dire quelques mots des guerres dont l'Artois fut si souvent le théâtre.

En 1578, on avait répandu partout le bruit que la France pensait à profiter des désordres des Pays-Bas pour s'emparer d'un certain nombre de places fortes. Ce bruit qui n'était pas tout-à-fait sans fondement, ainsi qu'allait le prouver l'occupation de Cambrai, décida les villes de l'Artois à se coaliser fortement contre l'ennemi commun, d'autant plus qu'elles n'avaient guère à espérer de secours du gouvernement des Etats généraux. Sous le nom d'*Union étroite des villes de l'Artois*, il se forma une ligue par laquelle Béthune, Aire, Saint-Omer et Arras promirent de se protéger réciproquement et adoptèrent un plan de défense générale. Cette ligue eut même une chambre de conseil érigée à Arras, où les députés de l'Union s'assemblaient certains jours de la semaine et prenaient des mesures de sûreté. Le premier acte de la confédération artésienne fut une demande d'argent. Les députés de l'Union des villes résolurent de lever des taxes « sur l'estat ecclésiastique, » et, pour l'exécution, « deux capitaines furent députez, ou pour mieulx dire se députèrent eulx meismes, qui cotisèrent ou plutost composèrent les prélatz,

(1) Archives du Pas-de-Calais, fonds de la Gouvernance d'Arras.

(2) Bibliothèque communale de la ville d'Arras, collection de M. Godin.

BEAURAINS (Pas-de-Calais)

Pl. 2.

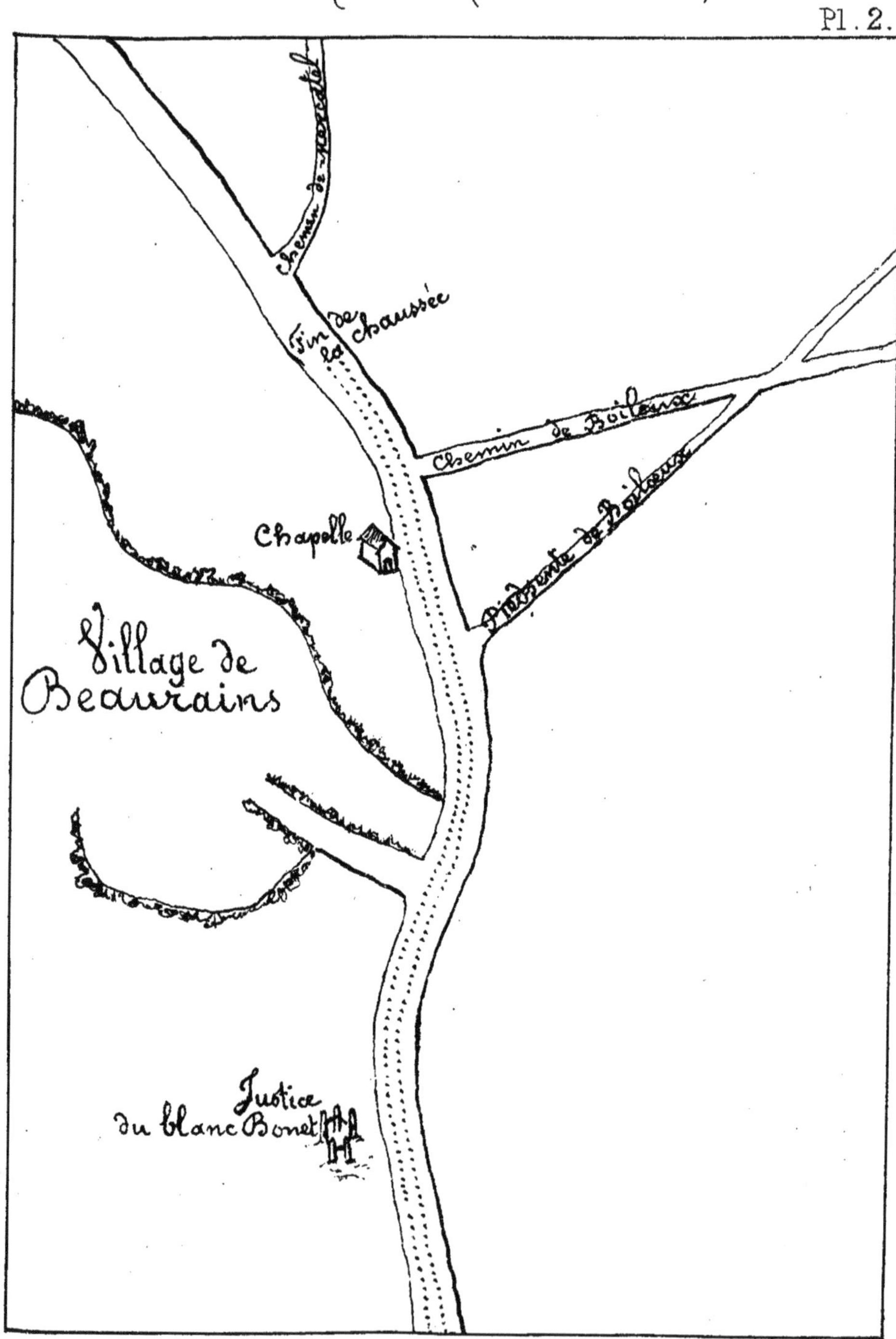

Extrait d'un Plan des environs d'Arras. _ 1618.

chanoines et gens d'église du païs d'Arthois à grandes et excessives sommes de deniers » (1). La taxe du curé de Beaurains et Tilloy-les-Mofflaines fut alors fixée à 11 livres 5 sous (2).

A l'époque où la province d'Artois appartenait à la couronne d'Espagne, elle eut encore beaucoup à souffrir à cause des luttes que l'armée française soutenait contre les troupes espagnoles. Louis XIV était parvenu, en 1650, à se rendre maître de la ville d'Arras; mais, le roi d'Espagne voulant tenter une revanche, fit assiéger cette place en 1654. Dix mille cavaliers furent postés entre Beaurains et Agny, jusqu'au chemin de Bapaume, sous le commandement du prince de Condé, et un autre corps d'armée fut établi depuis ce chemin jusqu'au village de Tilloy. On sait que cette attaque n'eut aucun succès et que nos troupes restèrent victorieuses. La délivrance d'Arras par Turenne a été si souvent remémorée, qu'on ne peut plus ajouter une ligne sur cette glorieuse page de notre histoire nationale (3).

Cependant la guerre désola encore plusieurs fois notre pays. Le 4 août 1708, M. de Bernage, intendant de Picardie et Artois, faisait connaître au contrôleur général des finances que la contribution exigée en Artois, par l'armée des alliés, coûterait à cette province « plus de 1,800,000 livres en argent, sans compter le pillage, l'incendie et le fourragement que l'armée ennemie y a fait; ils voulaient aussi, dit-il, tirer trente mille sacs de bled de contribution, mais je m'y suis formellement opposé, alléguant que les paysans avaient réfugié presque tous leurs bleds dans les villes et places et que le Roy ne permettrait pas qu'ils en sortissent. » Dans un mémoire des Etats d'Artois on constate que les frais occasionnés par la guerre, en 1709 et 1710, ont grandement appauvri la province; qu'il a fallu fournir pour plus de 150,000 livres de fourrage aux armées, et que la contribution à payer aux ennemis s'est élevée à plus de 2,500,000 livres « indépendamment du ravage des terres » (4).

Les armées belligérantes guerroyèrent encore dans nos con-

(1) Voyez l'*Histoire d'Arras*, par M. E. Lecesne, tom. II, page 130.
(2) Archives municipales d'Arras. Rôle de contribution de guerre.
(3) Voyez *Les sièges d'Arras*, par M. d'Héricourt, page 255.
(4) Archives du Pas-de-Calais, C. 348, 360.

trées sous le règne de Louis XV. En revenant de l'armée de Flandre, ce monarque traversa la ville d'Arras, le 25 septembre 1747, au bruit du canon et au son de la cloche *Joyeuse* et de toutes les cloches des paroisses et des communautés; après avoir changé de chevaux sur la Grand'Place, le Roi passa dans le village de Beaurains avec toute son escorte et toute sa suite. A cette occasion les Etats d'Artois avaient réquisitionné, dans les communes environnantes, des chevaux de trait pour le service de Sa Majesté ; « Alexandre Géry-Dumetz, laboureur à Mercatel, conduisit à Arras une jument harnachée pour servir aux carosses ou chariots. Un garde de l'escorte du Roy prit cette jument, la monta et poussant à toute bride il luy porta un coup au col, dont le sang qui en coula l'empechoit de marcher, ce qui l'obligea de l'abandonner et d'en aller prendre une autre attelée à une charrue dans les champs » (1).

Sur une ancienne carte des environs d'Arras, on voit que les jardins et manoirs du village de Beaurains n'aboutissaient à la route que par un côté de la grande rue. A cet endroit les maisons étaient peu nombreuses : au plus deux ou trois. L'enclos désigné sous le nom de *justice du Blanc Bonet* indique le lieu d'une potence, où l'on *justiciait* les criminels pour les conduire ensuite aux fourches patibulaires. La chapelle figurée sur cette carte était sans doute celle de la maladrerie (2). « A l'extrémité du village, dit le P. Ignace, à gauche de la chaussée ou grand chemin d'Arras à Bapaume, est une motte sur laquelle étaient autrefois les fourches de la justice du seigneur de ce lieu. » Ces fourches se trouvaient toujours dressées près d'un chemin et les corps des suppliciés y restaient exposés pendant plusieurs jours, afin d'inspirer aux populations l'horreur du crime et la crainte du châtiment.

Un plan portant la date de 1748, nous montre la route d'Arras à Bapaume, suivant le tracé qui en a été fait pour son redressement vers l'année 1737. La croix de Beaurains se voyait ancien-

(1) Archives du Pas-de-Calais, C. 420, 423. — Voyez aussi l'*Histoire de la ville d'Arras* par M. E. Lecesne, tome II, page 559.

(2) Voyez la planche ci-jointe, n° 1.

BEAURAINS (Pas-de-Calais)

Pl. 3.

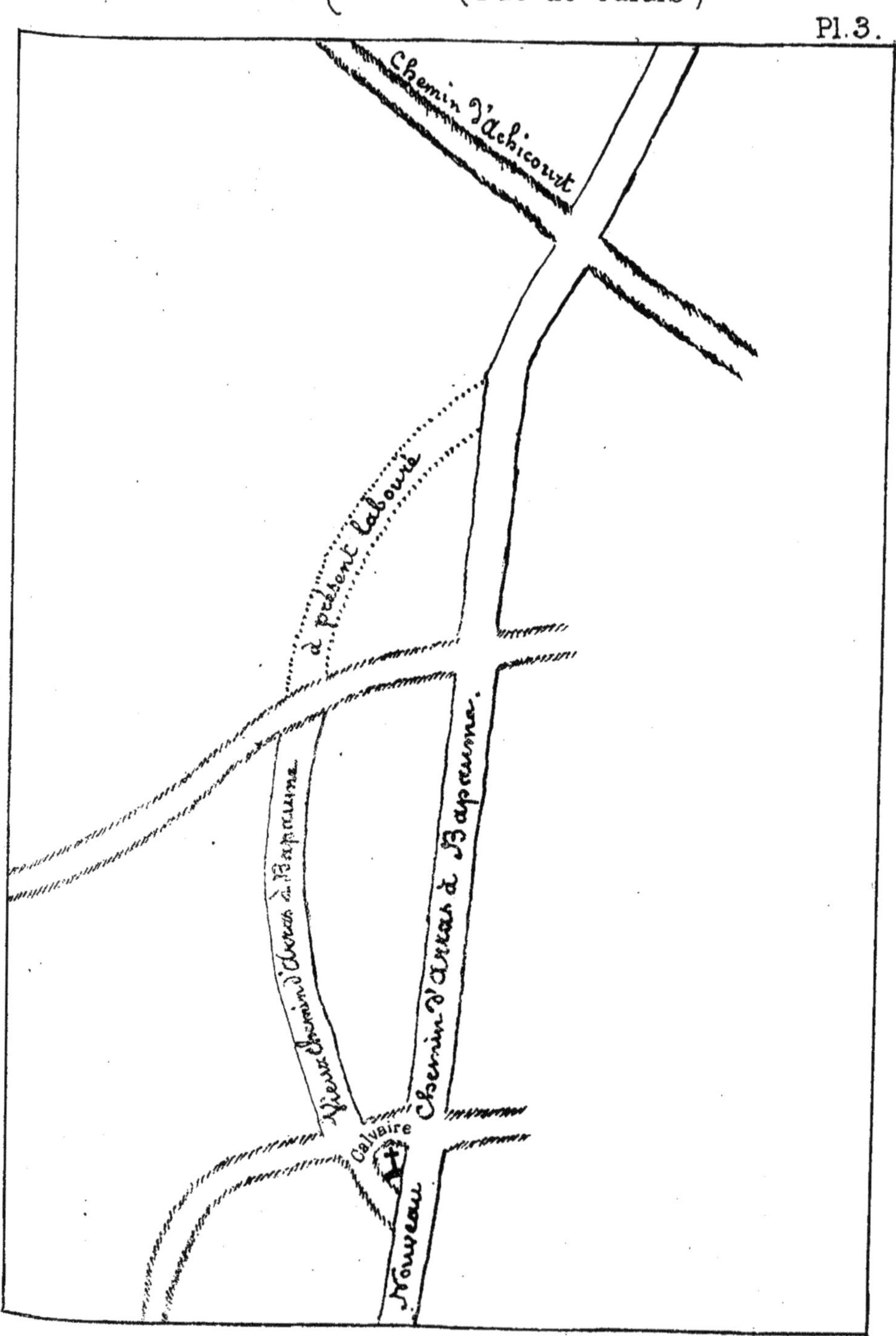

Extrait d'un Plan du chemin d'Arras à Bapaume._1758.

nement à gauche de cette route, mais par suite du nouvel alignement elle s'est trouvée à droite, vers Mercatel (1).

En 1763 eut lieu le transfèrement et la réédification de l'église de Beaurains. Nous n'en ferons ici qu'une simple mention, parce qu'on trouvera plus loin tous les détails de cet acte important (2).

Antérieurement à 1790, les délits et procédures dépendant de la justice seigneuriale de Beaurains étaient jugés à la gouvernance d'Arras, et par appel au Conseil d'Artois.

Avant d'aborder l'époque de la Révolution pendant laquelle tant d'événements ont changé la face de la France, il n'est pas inutile de jeter un coup d'œil sur la situation générale et d'examiner les symptômes qui annoncèrent le bouleversement de toutes les institutions féodales, monarchiques et religieuses.

D'un côté, nous voyons le prestige du pouvoir royal considérablement diminué par les fautes nombreuses des règnes précédents, c'est-à-dire par les mœurs dissolues des seigneurs de la cour. Louis XVI était un roi sage et vertueux ; animé des meilleurs sentiments, il aurait vécu pour le bonheur de ses sujets s'il eût régné à la place de Louis XV, son aïeul. Mais malheureusement, on sentait en 1789 que la justice de Dieu allait s'appesantir sur notre chère patrie ; on sentait que les désordres dont les courtisans avaient si souvent donné le triste exemple, devaient avoir bientôt une terrible expiation. On savait aussi, hélas ! que ces désordres existaient depuis longtemps, non seulement à la cour de nos rois, mais qu'ils avaient pénétré dans toutes les classes de la société.

D'un autre côté, une certaine effervescence commençait à se manifester parmi le peuple, surtout à l'occasion des réunions dans lesquelles on devait nommer les députés qui allaient être chargés de rédiger les plaintes et doléances du tiers-état (3). Nous n'avons pas trouvé le cahier contenant les doléances du village de Beaurains, mais en examinant les réclamations des localités environ-

(1) Voyez la planche ci-jointe, n° 2.

(2) Voyez la deuxième partie.

(3) Voyez le procès-verbal de l'assemblée des habitants de Beaurains, *Pièces justificatives*, n° 2.

nantes, on peut se faire une idée des demandes que durent formuler les habitants de la dite commune ; parmi ces diverses réclamations, on y rencontre souvent celles-ci : abolition des privilèges de la noblesse et du clergé, réforme de la justice, etc. Comme preuves, on peut citer les cahiers des communes suivantes :

Mercatel demande que les curés et vicaires puissent faire leurs fonctions gratis, pour les enterrements, mariages et baptêmes.

Habarcq : que la justice soit rendue gratuitement.

Athies : qu'il ne soit plus rien payé pour les publications des bans de mariages, les convois, services et enterrements.

Hénin-Liétard : que les charges judiciaires ne soient plus vénales, mais qu'elles soient accordées à des gens dont le mérite et l'intégrité sont reconnus.

Sainte-Catherine-lez-Arras : que tous les curés soient pourvus d'un traitement fixe, afin que les sacrements soient administrés gratis, ainsi que la sépulture des morts, sans égard au rang et aux dignités.

Neuville-Saint-Vaast : La suppression de la justice subalterne.

Oppy : que les prêtres ou curés ne reçoivent plus aucun salaire pour leurs fonctions.

Havrincourt : que l'usage de recourir au Saint-Siège pour les dispenses de mariage entre parents, et autres de toute espèce, soit abrogé, et que ces dispenses soient accordées par les évêques diocésains.

Saint-Laurent, Hervin et Cour-au-Bois : que les clercs laïcs soient désormais à la charge des décimateurs ; qu'il leur soit fait un gros suffisant pour instruire les pauvres gratuitement et pour qu'ils puissent entièrement se livrer à l'instruction de la jeunesse (1).

La convocation des États généraux ayant été annoncée pour le 27 avril 1789, les députés du clergé, de la noblesse et du tiers-état apportèrent à cette assemblée les projets de réforme élaborés dans toutes les provinces. Toutefois, les efforts tentés par ces députés, en vue de soutenir le pouvoir et les prérogatives attachés

(1) Archives du Pas-de-Calais, B. 882, 883. — Voyez les *Cahiers de doléances de 1789*, par M. Henri Loriquet, archiviste du Pas-de-Calais, 2 gros vol. in-8°, Arras, 1891.

à la royauté, n'eurent pas beaucoup de succès. Le déplorable état des finances causait toujours de graves difficultés, et, malgré les réformes que Turgot et Necker avaient obtenues lorsqu'ils étaient ministres d'Etat, on ne parvint pas à remettre à flot la barque gouvernementale qui allait bientôt sombrer.

En 1790, une transformation générale était déjà accomplie dans tout le royaume. La France avait été divisée par départements, par districts et par cantons. La commune de Beaurains faisait alors partie du canton de Rœux, mais plus tard elle fut réunie au canton d'Arras, sud.

L'Assemblée nationale avait eu recours à un moyen extrême, au sujet des finances de l'Etat, en décrétant la vente des biens du clergé et des émigrés. Louis XVI se trouva dès lors dans la pénible nécessité de laisser exécuter ces lois qui étaient en opposition avec ses principes politiques et ses sentiments religieux ; désormais il lui était impossible de faire prévaloir son autorité. Cette autorité s'amoindrit de plus en plus, jusqu'au jour où la tête de l'infortuné monarque tomba sur l'échafaud de la Révolution, le 21 janvier 1793 !

Le département du Pas-de-Calais fut un de ceux qui eurent le plus à souffrir pendant la Terreur. On sait que Joseph Lebon se fit à Arras une triste célébrité et que, par sa haine aveugle, il plongea dans le deuil un grand nombre de familles qui lui avaient fait ombrage. La vie de cet homme devenu orgueilleux, sanguinaire, perverti par les plus mauvaises passions, a été écrite avec soin par M. Paris, ancien sénateur, dans son ouvrage intitulé : *Histoire de Joseph Lebon et des tribunaux révolutionnaires d'Arras et de Cambrai* (1).

Aux troubles de la Révolution était venue se joindre une autre calamité non moins grande, celle de la guerre. Nos frontières étaient menacées, il fallait une armée nombreuse pour les défendre (2). Des mouvements de troupes s'opéraient de tous côtés,

(1) Deux volumes in-octavo, édition de 1864.

(2) Dans un état « des déboursés faits pour la commune de Beaurains d'après l'avis du Conseil général de la dite commune, » on trouve les lignes suivantes : « Payé pour viande et bière, le jour que nos volontaires se sont incorporés, 21 livres 15 sols. » (Archives communales).

et nos soldats, en traversant les villes et les campagnes, recevaient souvent, de la part des habitants, quelques témoignages de la plus vive sympathie qui leur faisaient oublier les fatigues des longues marches. Deux familles de Beaurains se signalèrent particulièrement, dans ces élans de générosité, à l'égard de nos braves défenseurs qui allaient être exposés aux périls des combats pour protéger le sol sacré de la patrie. A cette occasion, des réjouissances publiques furent organisées par la ville d'Arras en l'honneur de la municipalité de Beaurains. La relation de cette fête a été conservée dans les Archives du district ; quelques passages suffiront pour en donner un aperçu.

« Fête patriotique célébrée à Arras, par ordre du département du Pas-de-Calais, le trentième jour du mois de mars de l'an deuxième de la République Française une et indivisible, en l'honneur du Conseil général de la commune de Beaurains et des citoyennes Boulet et Dhée, habitantes de cette commune.

« Le but de cette fête était de célébrer les vertus hospitalières et civiques de la commune de Beaurains et des citoyennes Boulet et Dhée qui, lors du passage de l'armée française audit Beaurains, ont accueilli les défenseurs de la patrie de la manière la plus fraternelle et la plus patriotique.

« A dix heures du matin trois commissaires de l'Administration du département, deux commissaires du district et deux du Conseil général de la commune d'Arras sont partis sur deux chariots, pour se rendre au village de Beaurains, distant d'Arras d'une petite lieue ; ils étaient accompagnés d'un grand nombre de citoyens et de citoyennes. Sur l'un des deux chariots étoit un drapeau portant cette inscription : *Hommage rendu aux vertus hospitalières et civiques*. Sur l'autre étoit portée une pique surmontée du bonnet de la liberté.

« A onze heures, le Conseil général du département, celui du district, le Conseil général de la commune et une grande quantité de citoyens et de citoyennes, précédés de la musique de la garde nationale de la dite commune, se sont mis en marche pour aller au-devant des citoyens de Beaurains.

. . . .

« La marche a ensuite continué et on a rencontré, à quelque

distance du faubourg, non seulement le Conseil général de la commune de Beaurains et les citoyennes Boulet et Dhée, mais tout le village de Beaurains. Là on s'est confondu dans des embrassements mutuels, et jamais scène n'a été plus vive ni plus intéressante.

« Après avoir cédé quelque temps à ces mouvements inspirés par le cœur, on a repris la marche. La musique s'est mise en avant; les deux chariots sur lesquels étaient les citoyennes Boulet et Dhée, accompagnées de tous leurs enfants et des femmes et filles du village de Beaurains, suivaient la musique, puis les administrateurs et les officiers municipaux d'Arras mêlés avec les citoyens et les citoyennes.

« En repassant auprès de l'arbre de la liberté du faubourg on s'est arrêté un moment et on a recommencé les danses.

« Le cortège entré en ville, on a parcouru les principales rues, s'est rendu sur la place où se trouvait une foule immense et le bataillon du district de Versailles qui venait d'arriver; on a encore dansé autour de l'arbre de la liberté et des deux chariots qui portaient les citoyennes Boulet et Dhée.

« On s'est ensuite rendu au lieu des séances du département, mais le local était trop petit pour contenir la foule immense qui accompagnait le cortège. L'administration a arrêté d'aller tenir séance dans l'église de Saint-Vaast; on s'y est rendu aussitôt. Le Conseil général de la commune et les citoyennes Boulet et Dhée ayant été placés en face de la tribune, Ferdinand Dubois, président du département, y est monté et a prononcé le discours suivant :

« Citoyennes Boulet et Dhée,

« Il est satisfaisant pour l'administration..... Toi, Conseil général de la commune, contemple ton ouvrage, c'est ton exemple qui a préparé cette scène, c'est ton patriotisme qui a éclairé tes concitoyens, c'est ta sagesse qui a fait descendre et reposer la vertu dans toutes ces cabanes qu'on n'apercevra plus sans émotion. Le voyageur passant auprès du village où tu sièges, demandera le nom de ce village, et quand on lui dira que c'est Beaurains, il tressaillera de joie, il pleurera d'attendrissement;

le soldat français surtout, se détournera pour aller saluer ses dignes frères de Beaurains, et si l'ordre de la marche ne lui permet pas de le faire, il s'arrêtera du moins un moment, il fixera ses regards sur ces maisons qui renferment les amis de la patrie, il se prosternera un instant, il baisera cette terre heureuse qui enfante les vrais héros, puisque le premier des héroïsmes est celui de la vertu. Poursuis, brave Maupin ; poursuis, Conseil général de la commune, ta marche patriotique..... »

« Après ce discours, le maire de Beaurains qui étoit monté à la tribune et qui avoit reçu et donné l'accolade au président de l'administration, a prononcé le discours suivant :

« Citoyens administrateurs,

« Nous sommes pénétrés de reconnaissance de votre attachement paternel envers vos administrés. Qu'avons-nous fait ? Notre devoir, en faisant à autrui ce que nous voudrions qu'il nous soit fait. Il seroit bien à désirer que toutes les administrations fussent composées d'administrateurs comme l'est le département du Pas-de-Calais et le district d'Arras, d'hommes impartiaux qui ne s'écartent jamais des lois de la justice ; alors tous les administrés, même les gros aristocrates, ne pourroient s'empêcher de rendre justice au mérite et d'aimer la République une et indivisible. »

. . . .

« On a demandé que les citoyennes Boulet et Dhée montassent à la tribune pour y être vues de tout le peuple ; elles y sont montées et ont reçu aussi l'accolade de la part du président de l'administration. La salle a retenti alors des applaudissements donnés à ces deux citoyennes.

« La séance a été levée, et chaque administrateur du département a conduit chez lui un certain nombre de citoyens et de citoyennes de Beaurains, à qui il a donné à dîner. Le président a reçu la citoyenne Dhée et ses enfans, et l'administrateur Leducq la citoyenne Boulet aussi avec ses enfans.

« Vers quatre heures et demie la Société républicaine a ouvert sa séance dans l'église de Saint-Vaast... et les citoyennes Boulet et Dhée ayant repris leur place, Ferdinand Dubois, président de la Société républicaine, a fait le discours suivant :

« Citoyennes Boulet et Dhée,

«... Vous n'aurez pas à rougir parmi nous de votre pauvreté : la pauvreté, c'est ici qu'on l'honore ; c'est ici qu'on sait qu'elle est presque toujours la compagne de la vertu, tandis que la richesse corrompt tout ce qu'elle approche... et lorsque le mépris des richesses sera devenu une des vertus des français régénérés, le foyer de la corruption sera étouffé..... »

« Ce discours fini, le maire de Beaurains a monté à la tribune et a dit : « Je désire bien sincèrement que toutes les communes de la République soient composées de citoyens désintéressés comme l'est la vôtre. » . . . .

« Après ce discours on a proposé la levée de la séance et une promenade civique.

« La séance a été levée et les citoyens et citoyennes entrelacés dans les bras les uns des autres, ont parcouru les différentes rues de la ville, en faisant retentir l'air de chansons patriotiques, et sont venus encore former des danses autour de l'arbre de la liberté.

« On a ensuite annoncé que les voitures qui avaient amené les citoyennes Boulet et Dhée étoient prêtes ; elles y sont montées avec les commissaires qui les avoient été chercher, et elles sont retournées à Beaurains accompagnées d'un grand nombre de citoyens » (1).

Durant les guerres de la République et de l'Empire, la commune de Beaurains a fourni, comme tant d'autres, beaucoup de soldats qui se sont distingués par leur bravoure. Parmi ceux qui furent ainsi appelés à verser leur sang sur les champs de bataille, nous devons citer deux médaillés de Sainte-Hélène décédés depuis peu d'années ; l'un, Augustin Legrand, ancien garde champêtre, avait eu le pouce de la main droite emporté par une balle et jouissait d'une modique pension de l'Etat ; l'autre, Martin Ronnel dit Martagon, recevait également une

(1) Archives du Pas-de-Calais, série L.

pension en récompense de ses services militaires. Nous avons aussi connu un autre vieux brave, Eloi Huret, qui fut privé d'un œil, dans les combats. Ces glorieux vétérans de nos armées étaient toujours écoutés avec attention, lorsqu'ils racontaient les luttes mémorables auxquelles ils avaient pris part, et toutes les privations, les souffrances qui accompagnèrent leurs longues campagnes dans les pays étrangers.

A une époque plus récente, plusieurs jeunes gens de cette commune sont parvenus à une position honorable dans la carrière militaire. Un d'entre eux, le lieutenant du génie Commandeur, obtint la croix de chevalier de la Légion d'honneur durant ses campagnes d'Afrique ; il fut tué dans un engagement contre les Arabes. Un autre, le capitaine d'infanterie Péro, portait aussi la croix d'honneur et jouissait d'une pension de retraite. Un troisième était officier d'administration ; il mourut, jeune encore, des suites d'une maladie de poitrine dont il fut atteint pendant sa captivité en Allemagne, après la capitulation de Metz.

Lors de l'invasion allemande, les jeunes mobiles et les mobilisés de Beaurains ont fait également leur devoir en prenant part aux périls de la guerre et en défendant l'honneur du drapeau français.

Quelques hommes, originaires de cette localité, se sont aussi distingués dans la carrière civile par leur ardeur à l'étude et au travail. Il n'est pas inutile de rappeler, à ce sujet, les noms de M. Charlemagne Blondel, ancien médecin ; M. Cuvelier, ancien notaire à Arras ; M. Duflos-Ansart, ancien avoué près le Tribunal civil d'Arras ; M. Huret, agent-voyer et chef de bureau ; M. Wartel, notaire ; M. Paul Thiébault, juge à Sidi-Bel-Abès (Algérie) ; M. Jules Pagniez, avoué à Douai ; MM. Augustin Pot, Gaston Pecqueur, Paul Blondel, professeurs dans des établissements d'instruction secondaire, etc. Espérons que, dans un avenir prochain, cette liste d'honneur sera complétée pour la faire passer à la postérité.

§ 2. — La Place communale.

La place communale de Beaurains est un terrain à peu près triangulaire situé presque vis-à-vis l'église. En 1305 on lui donnait déjà le nom de *Fontaine* qu'elle porte encore aujourd'hui. Autour de cette place on rencontre des sources, en faisant un trou peu profond dans la terre ; à certains endroits l'eau monte à la surface du sol et coule dans les rues voisines. Telle est, selon toute apparence, la cause et l'origine de ce nom de Fontaine. Nous croyons qu'elle était autrefois entourée d'arbres, car on y voyait encore, il y a environ quarante ans, trois ou quatre bois blancs qui paraissaient très vieux.

Des fêtes républicaines ont eu lieu sur cette place durant la période révolutionnaire, et, déjà en 1792, des dépenses comme celles-ci étaient portées au compte de la commune : 1° « Je reconnais avoir reçu de Louis Huret, maire, onze livres pour le bonnet de la liberté, ce 31 mai 1792. ANTOINE-JOSEPH BÉTRÉMIEUX, menuisier à Beaurains-les-Arras. » — 2° « Je soussigné ai reçu de Dominique Plouvier, la somme de cinquante livres pour la dépense qu'a fait la municipalité avec nos frères d'armes lors de la plantation de l'arbre de la Liberté, à Beaurains ce 20 juillet 1792. P. R. LEQUETTE » (1).

Dans la première moitié de notre siècle, la Fontaine a encore été un lieu de réunion pour la *ducasse* ou fête communale du deuxième dimanche de septembre. Les jeunes gens y arrivaient vers le soir, après avoir parcouru une partie du village en chariot, accompagnés d'un joueur de violon et du garde-champêtre qui annonçait les réjouissances par quelques coups de fusil. Au troisième jour de cette fête, la place était réservée aux femmes et aux hommes mariés ; c'était alors un plaisir pour les vieux couples, de se rajeunir en dansant de manière à faire admirer la

(1) Archives communales, série L.

souplesse de leurs jambes et la solidité de leurs jarrets. C'était aussi le temps des mœurs simples et des divertissements honnêtes. Les familles riches venaient se ranger à côté des familles d'ouvriers ; les jeunes gens heureux comme on l'est à vingt ans, partaient ensemble la main dans la main, et faisaient plusieurs fois le tour de la place, et enfin, quand la brune était venue, les parents rentraient chez eux avec leurs invités, pour passer la soirée en famille, tandis que les danseurs et les danseuses, après avoir changé de toilette, allaient continuer leurs joyeux ébats dans la cour d'un estaminet.

Pour le régal, en temps de fête, toutes les familles, pauvres comme riches, faisaient des tartes, des gâteaux et des *dorés* à gros bord, bien jaunes et bien luisants ; enfin, dans les fermes et chez les cultivateurs, on faisait bouillir dans la marmite une grosse poularde accompagnée d'une bonne tranche de bœuf.

L'ancienne coutume de danser sur la Fontaine a disparu depuis une cinquantaine d'années. La place est maintenant délaissée, abandonnée aux bergers qui y font pâturer leurs troupeaux. Il serait avantageux, pour la commune, de faire replanter des arbres sur ce coin de terre, afin de l'embellir et d'en tirer profit.

En 1811, des réjouissances publiques furent ordonnées à l'occasion de la naissance du roi de Rome. L'Administration municipale de Beaurains s'empressa d'y prendre part et régla le programme de cette fête par une délibération que nous reproduisons textuellement.

« L'an mil huit cent onze et le vingt mai, une heure après midi, le Conseil municipal assemblé en vertu de la lettre de M. l'auditeur au Conseil d'Etat, sous-préfet du département du Pas-de-Calais, en date du quatre du présent mois, à effet de délibérer sur le programme de la fête qui doit avoir lieu le deux du mois de juin prochain, relative à la naissance de l'auguste Roi de Rome.

« Le Conseil susdit désirant, autant que faire se peut, favoriser les intentions des habitans de la commune, et voulant aussi partager avec eux une joie d'autant plus pure puisque son principe doit pour toujours assurer le bonheur de l'État, a arrêté :

« 1° Que le premier jour du mois de juin susdit la fête seroit annoncée au son de la cloche par une vollée d'une heure ; que le lendemain, à cinq heures du matin il en seroit fait de même.

« 2° Que l'office seroit chanté solennellement en la paroisse du dit Beaurains, suivi du *Te Deum*, en actions de grâces des bienfaits dont la Providence nous a comblés en nous donnant un rejeton du plus grand de tous les monarques, et qui faisoit l'attente de toute la nation française ; que de cet article et de celui précédent étoient de concert avec M. le Curé de la paroisse.

« 3° Qu'une musique, composée de plusieurs instrumens, prendroit le Maire et son Conseil municipal qui se trouveront réunis en chambre commune, et les conduiront jusqu'à l'église et seront ramenés dans le même ordre sur la place commune, où se trouveront différens jeux tels que la paume, billions et autres.

« 4° Que quatre à cinq tonneaux de bière seront servis aux partisans des dits jeux et ainsi qu'au peuple qui y sera assemblé pour la danse publique, qui ne devra se terminer qu'à dix heures du soir.

« 5° Que, pour faire face aux dépenses occasionnées par la dite fête, il soit alloué à M. le Maire une somme de cent francs prise sur la caisse communale.

« Fait et arrêté en chambre de délibération les jour, mois et an susdits. »

Dans une autre délibération relative aux événements politiques de 1815, on constate que le passage et le cantonnement des troupes prussiennes ont fait débourser à la commune de Beaurains une somme de 3,421 francs 50 centimes ; et ensuite, « le Conseil, pénétré d'amour et de reconnaissance pour les bienfaits que le gouvernement paternel de Sa Majesté répand sur ses sujets, croit pouvoir être l'organe de tous les habitants de cette commune, trop heureux de pouvoir respirer à l'ombre d'un gouvernement légitime, pour penser à un si léger sacrifice dont le résultat assure les produits de leur travail et de leur industrie ; en conséquence, le Conseil municipal adopte la proposition de remettre au Roi le prix des fournitures faites aux Prussiens » (1).

(1) Archives de la Mairie.

Lors de l'avènement de la seconde République, en 1848, on planta au milieu de la place de la Fontaine un jeune arbre de la Liberté ; des ouvriers de la ville d'Arras l'apportèrent sur leurs épaules en chantant des chansons patriotiques. D'abord ils se rendirent au domicile de M. le Maire afin d'annoncer la mission qu'ils avaient à remplir, puis ils vinrent sur la place et procédèrent à la plantation. Cet arbre était un peuplier plein de sève et de vigueur, mais son existence ne fut pas de longue durée : c'est à peine s'il a vu trois printemps à Beaurains.

Quand on a creusé l'abreuvoir qui est dans un coin de cette place, on a rejeté la terre vers le côté sud, afin de lui donner plus d'étendue. Cette mare était autrefois près du cimetière ; mais par suite du nouvel alignement donné au chemin de grande communication numéro 5, elle a été transférée sur le côté opposé. Il en est résulté une amélioration notable, attendu que les abords de l'église et du cimetière ne sont plus inondés d'eau et de boue.

---

§ 3. — La Maladrerie du Petit-Val.

La maladrerie du Petit-Val de Beaurains, ainsi nommée pour la distinguer de celle du Grand-Val (1), paraît avoir été fondée par un évêque d'Arras. L'époque de sa fondation doit être du XIIe siècle, et non du XIIIe comme l'ont dit plusieurs auteurs. Un document ancien rappelle que « Li maison du Petit-Val est fondée du veske d'Arras sour LV libvrées de terre. Si sont XIII personnes ; quatre sont mezel. Si ont trois varlés et quatre meskines et leur prestre de XII lb. » (2). D'un autre côté on trouve qu'en 1186 un chapelain fut institué en faveur des lépreux de Beaurains, « *institutionem capellani pro leprosis de Belloramo*, » par le doyen du Chapitre d'Arras, avec le consentement de ce même Chapitre (3).

Avant de nous occuper spécialement des biens qui ont appartenu à cette maladrerie, il est nécessaire de donner quelques détails sur la maladie de la lèpre, et de faire connaître les mesures ordonnées pour en empêcher la contagion.

Le *Dictionnaire universel de Trévoux* nous apprend que « le visage d'un lépreux est luisant et enflé, semé de boutons très durs dont la base est verte et la pointe blanche, et qu'en général il donne de l'horreur. Ses yeux, dit-il, sont rouges, et éclairent comme ceux d'un chat ; ils s'avancent en dehors, mais ils ne peuvent se mouvoir ni à droite ni à gauche. Ses oreilles sont enflées, couvertes d'ulcères et environnées de petites glandes. Son nez s'enfonce, parce que le cartilage se pourrit. Sa langue est noire, sèche, ulcérée et raccourcie. Toute sa peau est couverte de taches blanches ou d'écailles comme les poissons ; elle

(1) La maladrerie du Grand-Val était située entre Arras et Beaurains, sur une partie de terroir nommée présentement le Petit-Bapaume.

(2) Archives du Pas-de-Calais, série A.

(3) *Gallia christ.* III, col. 354.

est rude et inégale, et parvient à un tel degré d'insensibilité qu'on peut la percer avec une aiguille sans que le malade en souffre aucune douleur. Enfin, le nez, les doigts des mains et des pieds se détachent entièrement, et par une mort particulière à chacun d'eux ils annoncent celle du lépreux. »

Voici, d'après les anciens rituels, comment se pratiquait la séquestration des malades : « Un prêtre, revêtu d'un surplis et d'une étole, allait avec la croix chercher le lépreux dans le lieu qu'il habitait. Le ministre sacré commençait par l'exhorter à souffrir patiemment et en esprit de pénitence la plaie incurable dont Dieu l'avait frappé. Il l'arrosait ensuite d'eau bénite et le conduisait à l'église étendu sur une civière et couvert d'un drap noir, comme un mort. Il chantait le *Libera* en faisant la levée du corps. A l'église, le lépreux quittait ses habits ordinaires et prenait un vêtement noir préparé exprès, se mettait à genoux devant l'autel et entendait la messe, après laquelle on le portait, toujours couvert d'un drap noir, à la porte de l'église. Le prêtre l'aspergeait encore d'eau bénite. On chantait ensuite le *Libera* en le conduisant à la maison qui lui était destinée. Lorsqu'il y était arrivé, le prêtre lui faisait encore une exhortation et lui jetait une pelletée de terre sur les pieds. On reconnaissait un lépreux à ses habits. On lui donnait un capuchon, deux chemises, une tunique et une robe appelée housse ou esclavine, un barillet, un entonnoir, des cliquettes, un couteau, une baguette et une ceinture de cuir. Avant de le quitter, le prêtre lui défendait de paraître en public sans son habit de lépreux, d'entrer dans les églises, les moulins et les lieux où l'on faisait le pain, de laver ses mains et tout ce qui était à son usage dans les fontaines et ruisseaux, de toucher aux denrées qu'il désirait acheter autrement qu'avec une baguette, pour faire connaître ce qu'il marchandait ; d'entrer dans les maisons ou les cabarets pour y acheter sa boisson, ayant seulement la liberté de s'arrêter à la porte, de demander ce qu'il voulait et de le faire mettre dans son baril. Il lui était ordonné de ne point répondre aux personnes qui l'interrogeaient dans les chemins et dans les rues, afin qu'elles ne fussent pas incommodées de son haleine et de l'odeur infecte qui s'exhalait de son corps ; de ne point s'engager dans les chemins étroits, de ne point toucher aux enfants. Quand il sortait il devait agiter ses cliquettes afin que les passants fussent avertis de sa présence et s'éloignassent du chemin qu'il suivait » (1).

On sait que l'administration spirituelle et temporelle de la maladrerie du Petit-Val dépendait entièrement du Chapitre de la cathédrale d'Arras.

Les terres de cet hôpital de lépreux étaient louées en 1569 à David Lefebvre, fermier au village de Beaurains; elles sont reprises aux cahiers de centième dans les termes ci-après : « Item, icelluy David tient encore à censse et louage des confrères du Petit-Val le nombre de soixante-seize mencaudées de terres labourables, dont il rend par chacun an soixante-douze mencauds de bled faisant 72 florins. »

Il y a, dans les archives de l'abbaye de Saint-Vaast, un acte contenant la vente faite pardevant Guillaume de Croix, bailli de Beaurains pour noble homme Jacques de Beauvoir, seigneur dudit lieu, « en la présence de Martin de Paris, Jehan Dannet, Jacques Ponce et Jehan de Boileux, hommes cottiers dudit Jacques de Beauvoir, à cause de sadicte seigneurie de Beaurain, » par Jean Sacquespée et Isabelle Mansel, sa femme, afin d'acquitter plusieurs dettes dont ils étaient chargés par le trépas de Jean Sacquespée, père dudit Jean, et dont ils ne pouvaient se libérer que par l'aliénation des biens désignés ci-après, qui leur étaient échus par la mort dudit Jean Sacquespée, et du consentement d'Antoine Sacquespée, frère aîné de Jean, moyennant la somme de 750 florins d'or, monnaie de Flandre, qu'ils ont reçue de Gilles Martin, veuve de Thomas Le Cuvelier, à charge de faire célébrer chaque jour une messe en l'église de Sainte-Croix : « Soixante-sept mencaudées de terre situées au terroir dudit lieu de Beaurains, c'est à scavoir, trente-sept mencaudées et demie ou environ, tenant d'une part à le grand cauchie devant le Petit Val, laquelle cauchie maine dudit lieu d'Arras à Bapaume, et d'autre part aux terres dudit Jacques de Beauvoir ; et trente mencaudées de terres situées audit terroir, au lieu que on dit le puich des maisoncelles, tenant au chemin

(1) Voyez les Dictionnaires de MM. Larousse et Chéruel, au mot Léproserie.

qui maine à Mercastel et d'autre part au chemin qui maisne dudit Petit Val à Boillœux » (1).

Depuis l'année 1607 jusqu'en 1614, les dites terres de la maladrerie furent louées à Hugues Lefebvre. En 1611, ce fermier remit « huit mencauds à chacun des confrères de la maladrerie, demandant à chacun un mencaud pour modération des ravages et dhommaiges que les eaux luy ont faict. »

Au mois de décembre 1621, Philippe Lefebvre, fermier du Petit-Val à Beaurains, livra « à chacun confrère neuf mencauds de bled pour la despouille de l'aoust 1621, prétendant modération d'un mencaud à chacun pour la maigre despouille. »

Un bail fut accordé le 10 mars 1625 à Philippe Lefebvre et Pasque Paradis, sa femme, au profit des confrères du Petit-Val, à condition de rendre à chacun d'eux dix mencauds de blé et de leur donner pour le vin 5 livres, « moyennant ils n'étoient tenus de donner à disner ausdits confrères. »

Le 5 novembre 1631, Philippe Lefebvre céda son bail à Louis Lefebvre, son frère, pour en jouir pendant les neuf ans de la location qui lui avait été accordée par acte du 2 janvier précédent. Ce titre mérite d'être cité par extrait.

« A tous ceux quy ces présentes verront, Pierre De le Court, maïeur à son tour de Lens, ad présent garde du scel aux contracts quy se passent en Artois, salut. Scachent tous que pardevant Alexis Casier et Adrien Boniface, nottaires en la citté d'Arras, comparurent personnellement Philippes Lefebvre, laboureur demeurant à Beaurains, et Pasques Paradis, sa femme, de luy pour ce regard autorisée et non constrainete, comme elle at déclairé, et recognurent avoir solidairement prins et promis tenir à tilte de ferme et louaige des confrères Sainct-Nicolas du Petit Val, le nombre de quattre vingt mencaudées de terre scituées en

(1) Archives du Pas-de-Calais, série H.

Les maisoncelles étaient des petites maisons de lépreux situées à proximité de la maladrerie ; elles sont indiquées de la manière suivante dans un document du XIIIe siècle publié par M. Le Gentil : « Li povre mazel des maisoncelles sont XIII personnes très povre, cascun a sen maisnil fondé sour nient, car il n'ont riens, fors leurs maisoncelles et aumosnes. » (*Le Vieil Arras*, page 436).

diverses pièches au terroir dudit Beaurains et allenviron, appartenant aux dicts confrères au nombre de neuf..... parmy et moiennant ce que les dits preneurs ont promis chacun pour le tout, sans division, discution, rendre, paier et furnir aux dicts confrères, leur receveur ou commis, par chacun an au jour de Sainct André le nombre de quattre vingt dix mencaulds de blé..... qui est à chacun desdicts confrères le nombre de dix mencaulds..... et oultre ce de descharger lesdicts confrères et terres de dix huict messes par chacun an, entretenir la chapelle d'icelle confrérie suffisament estrainct de pluie et de soleil, etc.....» (1).

Dès les premières années du XVIe siècle, la chapelle du Petit-Val fut « déserte et inhabitée, ne servant aux passans que pour y faire des villenies. » Elle fut en partie détruite par les soldats italiens qui étaient logés à Arras en 1640.

Vers la fin du règne de Louis XIV, les maladreries ou léproseries étaient devenues inutiles, parce que la lèpre avait disparu de nos contrées. Les revenus de la maladrerie du Petit-Val furent alors employés à secourir quelques familles nécessiteuses. A cet effet on avait établi une confrérie dite de Saint-Nicolas du Petit-Val. Les confrères, au nombre de neuf, étaient nommés par le roi et par l'évêque d'Arras ; ils avaient droit aux revenus qu'ils recevaient en argent ou en blé. La part distribuée également à chacun des confrères était nommée le pain de l'évêché ou pain d'aumône.

Pendant les années 1651 et 1654, Henri Rouin, dit Laverdure, fermier des terres du Petit-Val de Beaurains ne paya aucun fermage, « à raison des armées, qui ont ravagé la pluspart des dites terres. »

En 1667, Guislain Laguilliez était « censier du marché du Petit-Val, » à Beaurains. Les confrères de Saint-Nicolas du Petit-Val étaient alors Louis Fendenier, greffier de Saint-Vaast ; Florisse Devaulx, Nicolas Devaulx, A. Tintelier, Charles Devaulx, François Carpentier, Jeanne Lerrebelle, et M. Delattre, chanoine de Béthune ; ils recevaient chacun deux mencauds de blé (2).

(1) Archives de l'Hôpital d'Arras, fonds de la maladrerie du Petit-Val.
(2) Archives de l'Hôpital d'Arras.

Les terres de la maladrerie furent louées par bail du 1er février 1685 à Claude Mallart, lieutenant de Beaurains, « au rendage annuel de cent rasières de blé. » Dans cet acte il est stipulé que « les preneurs tireront de la pièce de terre de trois mencaudées séante aux grandes sablonnières, le sable qui empesche qu'elle soit cultivée, et feront en sorte que ladite pièce de terre sera cultivée et ensemencée comme les autres. »

Un nouveau bail fut accordé le 12 mai 1694 à Claude Mallart et à Dominique Mallart, son frère, laboureurs demeurant à Beaurains, moyennant cent trois rasières de blé à livrer et fournir en la ville d'Arras, au jour de Saint-André.

Avant l'époque précitée, les biens des maladreries avaient été réunis à ceux de l'ordre du Mont-Carmel et de Saint-Lazare, mais un édit du mois de mars 1693 en ordonna la désunion, avec cette clause qui exprimait formellement les intentions du roi : « Et quant ausdites maladreries et léproseries, nous nous réservons d'en procurer l'union à quelqu'autre établissement, ou d'y pourvoir autrement ainsi que le jugerons à propos, après avoir examiné l'employ le plus utile qui pourra en être fait. » Enfin, l'arrêt du Conseil d'Etat du 20 juin 1698, et les lettres patentes du mois de novembre même année, unirent définitivement les biens et revenus de la maladrerie du Petit-Val de Beaurains à l'hôpital Saint-Jean de la ville d'Arras, à la charge de recevoir les pauvres malades de cette paroisse selon que les revenus des dites terres le permettront (1).

Le 5 mai 1703, Adrien Mallart, fils de Claude Mallart, fut accepté comme locataire des terres du Petit-Val, à condition de rendre aux religieuses de l'hôpital d'Arras le nombre de quatre-vingt-treize rasières de blé et de payer les tailles, centièmes et toutes impositions quelconques, mises et à mettre, pendant le cours de son bail ; il continua ce bail jusqu'en 1740. Après cette époque, les locataires des biens de la maladrerie furent : Jacques Mallart, en 1741 ; Jacques-François Laguilliez, en 1752 et 1759 « moyennant 700 livres de rendage par an » ; Pierre-Joseph Laguilliez et Marie-Guislaine Gaillard, son épouse, en 1761 ;

(1) Voyez pièces justificatives, n° 5.

Joseph Carton, fermier, et Rosalie Parmentier, sa femme, en 1763, « moyennant 400 livres de rendage annuel et 400 livres pour vin de leur bail. »

Un acte notarié du 25 avril 1761 indique, d'une manière précise, l'emplacement qu'occupait autrefois la chapelle de la maladrerie du Petit-Val. Vu l'importance de ce document, il est utile de le faire connaître par extrait : « Déclaration des terres labourables au terroir de Beaurains et allenviron appartenantes à la maladrerie du Petit Val, occupées par Pierre-Joseph Laguilliez, fils de Jacques-François. Premièrement, trois mesures tenant d'une liste à la sablonnière, d'autre à sept mesures de l'église Saint Géry d'Arras, d'un bout à la voye qui mène de Beaurains à Arras, dite la voye de la Thérée..... Troisièmement, plus vingt-sept verges où étoit anciennement la chapelle du Petit Val, tenant d'une liste à quatorze mesures de M. de Fiefs, d'autre liste et d'un bout au chemin de Beaurains allant à Bucquoy, et d'autre au vieux chemin allant d'Arras à Bapaume » (1).

D'après cette déclaration et celles qui y sont jointes, la maladrerie possédait quatre-vingt-deux mesures deux boitelées cinq verges de terre situées à Beaurains, Mercatel, Agny, Ficheux, Boiry-Becquerelle et Tilloy-les-Mofflaines.

Après la chûte de l'ancien régime, la municipalité de Beaurains revendiqua ses droits au sujet de l'administration des biens et revenus de son ancienne maladrerie. Les deux requêtes qu'elle adressa aux administrateurs du département du Pas-de-Calais, afin de justifier sa prétention, méritent d'être connues ; nous les reproduisons ci-après :

1° — Présenté le 28 août 1790.

« A Messieurs les Président et Administrateurs du Directoire du département du Pas-de-Calais.

« Les maire, officiers municipaux et notables composant le Conseil général de la commune de Beaurains ont l'honneur de vous représenter, Messieurs, qu'il a existé autrefois au village

(1) Archives de l'Hôpital d'Arras.

de Beaurains un hôpital établi des pauvres, destiné au soulagement des pauvres et des malades dudit lieu. A cet hôpital se trouvaient attachées quatre-vingt-quatorze mesures de terre situées au terroir de Beaurains et circonvoisins. Les remontrans savent que l'administration de l'hôpital d'Arras en a été en possession pendant quelque temps, à la charge de recevoir les pauvres malades de Beaurains ; ils ont l'honneur de vous observer, Messieurs, que la réunion qui s'en est faite à cet hôpital ne paroit pas avoir le caractère d'égalité qui doit en former la justice. Il seroit bien plus avantageux, pour les pauvres de Beaurains que cette possession soit régie par le Conseil général de ce lieu, sous votre inspection ; ils seroient surs que les revenus de ces terres, particulièrement destinés à leur soulagement, y seroient employés en totalité. Il n'est pas juste qu'ils contournent en tout ou en partie à celui des étrangers du lieu ; telle n'a pas été sûrement l'intention des fondateurs de cet hôpital et de ceux qui lui ont donné des biens. Or, il peut arriver et il arrive même toujours, que le produit sert au soulagement des étrangers du lieu, puisqu'il n'arrive jamais qu'il y ait assez de malades du village de Beaurains, à l'hôpital d'Arras, pour entraîner une dépense égale au revenu des quatre-vingt-quatorze mesures de terre qui appartiennent exclusivement aux pauvres de Beaurains.

« Dans ces circonstances, ils ont l'honneur de vous demander, Messieurs, que vous les autorisiez à se mettre, pour les pauvres confiés à leurs soins, sous votre inspection, en possession des quatre-vingt-quatorze mesures de terre dont il s'agit, en conséquence, à les régir, administrer, donner en location, en recevoir et distribuer les revenus, et faire tout ce qui sera le plus avantageux aux pauvres de Beaurains.

« J. MAUPIN, CARTON, TABARY, BLONDEL, P.-L. BLONDEL, Jean BLONDEL, TRANAINE, COTTEL, HURET, H. BLONDEL, PLOUVIER. » (1).

(1) Archives de la mairie de Beaurains.

2° — « A Messieurs les Président et Administrateurs com posant le Directoire du district d'Arras.

« Les maire, officiers municipaux et notables composant le Conseil général de la commune de Beaurains, ont l'honneur de vous représenter, Messieurs, que sur la pétition qu'ils ont eu l'honneur de vous adresser à l'effet de réclamer la restitution des quatre-vingt-quatorze mesures de terres situées au terroir de Beaurains et circonvoisins, lesquelles avoient jadis appartenu à l'hôpital des pauvres de Beaurains et réunies à l'hôpital Saint-Jean établi en la ville d'Arras, vous avez, Messieurs, par un arrêté du 30 avril 1790, réglé que la municipalité de Beaurains vous remettrait un état détaillé des biens qu'elle réclamait, avec les titres justificatifs de sa propriété, si elle en avoit, en indiquant l'époque de l'expropriation.

« Les remontrans ont l'honneur de joindre, à la présente, l'état des terres qui appartenoient audit hôpital avant sa réunion à celui de Saint-Jean à Arras..... Par arrêt du Conseil d'Etat privé du Roi, du 20 juin 1698, les biens et revenus des maladreries de la ville d'Arras appelées du Grand Val et Méolens, ceux de la maladrerie du Petit Val de Beaurains près Arras, y compris les héritages appelés le pain de la maison du Petit Val, et ceux des maladreries de Croisilles et autres lieux ont été réunis à l'hôpital des pauvres malades de la ville d'Arras dit de Saint-Jean, à la charge de satisfaire aux prières et services de fondation dont auroient pu être tenus lesdits biens unis, et de recevoir les pauvres malades des lieux et paroisses où étoient situées lesdites maladreries, à proportion de leurs revenus.

« Il paroit que cet arrêt n'a été dans ce temps ni enregistré ni exécuté ; il fut cependant revêtu de lettres patentes en la même année, mais ce ne fut que deux ans après que le Parlement de Paris, par arrêt du 7 septembre 1700, ordonna que lesdits arrêt et lettres patentes seroient enregistrés, pour être exécutés suivant leur forme et teneur.

« Les remontrans ont établi d'une manière satisfaisante avec quelle justice ils réclament ces biens ; ils ont lieu de croire, d'après cela, qu'il n'existera aucune difficulté à en ordonner la remise.

« Huret, maire ; Plouvier, Lequette, Barbaux, Darras » (1).

On a pu remarquer que, dans ces deux demandes, il y a exagération en ce qui concerne la superficie des terres du Petit-Val. Une erreur semblable a été faite sur le questionnaire préfectoral de 1810, relatif à la statistique des communes. Dans les réponses de ce questionnaire il est dit que « environ quatre-vingt-dix mesures de terre ont été données pour servir de secours aux malades de la commune » ; puis on ajoute cet autre renseignement : « A une petite distance du village de Beaurains, se voient encore les vestiges d'un bâtiment que les anciens habitants disent avoir été un couvent de l'ordre de Saint-Jean-de-Dieu. La contrée où se trouvent ces vestiges est appelée le Petit-Val, et les quatre-vingt-dix mesures de terre dont il s'agit sont nommées le pain de la maison du Petit-Val » (2). Ces indications se rapportent bien à la maladrerie de Beaurains ; toutefois, il faut observer que l'emplacement de cette maladrerie est aujourd'hui un terrain cultivé où il ne reste plus aucune trace de construction.

Par suite de la réunion des biens et revenus de la maladrerie du Petit-Val à l'hôpital Saint-Jean d'Arras, la commune de Beaurains envoie quelquefois ses malades indigents dans cet hôpital, pour y être soignés ; parfois aussi, elle a obtenu l'admission d'un homme ou d'une femme à l'hospice des vieillards.

(1) Archives communales de Beaurains, série Q.

(2) Archives du Pas-de-Calais, série M.

HOMMAGE A HUBERTINE

De la cloche du village
J'ai toujours aimé le son,
Et déjà dans mon jeune âge
Je disais : Hubertine est son nom.

Avant de commencer la deuxième partie de ce recueil, c'est à vous, aimable centenaire, que je consacre ces lignes. Depuis plus d'un siècle, vos sons s'unissent à toutes les joies et à tous les deuils de la paroisse. Ces sons, toujours jeunes, nos aïeux les ont entendus comme nous à des époques mémorables. Qu'il s'agisse d'annoncer le baptême d'un nouveau-né ou les préparatifs d'un joyeux hymen, c'est vous qui donnez le signal de l'allégresse ; lorsqu'un incendie survient, vous redoublez vos tintements d'alarme ; quand la mort frappe un de nos parents ou de nos amis, vous faites retentir le glas funèbre. Souvent aussi, vous nous rappelez l'heure de la prière, vous nous invitez à prendre place dans la maison de Dieu.

Pendant la tourmente révolutionnaire, vous avez vu détruire votre clocher ; mais quand les jours calmes furent revenus, vous avez eu un nouvel abri pour y continuer votre noble mission. Plus tard, il fallut descendre votre petit ermitage qui avait été fait à la hâte avec quelques pièces de bois, et on vous construisit une tour. On vous a beaucoup élevée ; une demeure plus belle et plus solide vous a été donnée, mais malgré ces honneurs vous êtes restée sympathique pour tous. Pour les riches comme pour les déshérités de la fortune vous continuez de faire entendre vos notes, pleines de joie ou de tristesse selon les circonstances qui se présentent, c'est pourquoi nous désirons qu'une existence plusieurs fois séculaire vous soit encore accordée dans la suite des âges, de telle sorte que nos arrière-petits-neveux puissent redire aussi : Nous vous saluons, cloche vénérée, sonnez encore, sonnez toujours, bonne Hubertine.

JULES L'ERMITE.

DEUXIÈME PARTIE

---

§ 1. — L'Eglise, le Cimetière, le Presbytère.

Nous avons dit, dans la première partie, que l'église de Beaurains existait déjà en 674 et qu'en 1070 l'autel de ce lieu fut accordé au Chapitre d'Arras, par saint Liébert, évêque de Cambrai. Cette église est mentionnée dans une information du mois de juin 1307, dont nous donnons plus loin quelques extraits ; son emplacement y est désigné : « près de la Fontaine » (1).

L'an 1544, — d'après le Père Ignace, — le Chapitre d'Arras donna « une vitre » à l'église de Beaurains, à la charge que les habitants y feraient construire cinq croisées neuves, *alcas* en latin, et qu'ils les entretiendraient toujours à leurs dépens.

Dans les cahiers de centième de 1569 on trouve que le cimetière, l'église et le presbytère contenaient ensemble six boitelées (2). Ils étaient situés près de la Grande-Rue, entre le passage de la *Sablonnière* et la rue de Tilloy.

Suivant le Père Ignace, cette église aurait été rebâtie en 1615. Elle n'avait, dit-il, qu'une seule nef et un petit clocher en bois couvert d'ardoises ; on arrivait à l'entrée de cette nef par douze marches, partie en terre et partie en pierres ou en grès. Une

(1) Voyez pièces justificatives n° 1.

(2) Archives du Pas-de-Calais, série C.

nouvelle réédification eut lieu en 1713 ; mais, selon le même auteur, le chœur n'a été achevé qu'en 1729. Ces deux reconstructions faites à des époques peu éloignées l'une de l'autre, et la résolution prise en 1763 de rebâtir l'église sur un autre emplacement, indiquent clairement que les couches sablonneuses du voisinage nuisaient à la solidité de l'édifice (1).

La démolition de l'église et sa reconstruction ont été adjugées le 3 avril 1763, pour la somme de 5,700 livres ; on se mit immédiatement à l'œuvre, et, en 1764, cet édifice était entièrement terminé. La vente du sable de l'ancien cimetière avait produit une somme de 3,973 livres 6 sous, qui fut employée au payement des dettes communales et des premiers acomptes demandés par les entrepreneurs. Il fallut, pour solder tous les travaux, emprunter 3,000 livres au denier vingt, c'est-à-dire à cinq pour cent ; à l'aide de cet emprunt, la commune se libéra envers tous ses créanciers.

C'était alors au moins la troisième fois que les habitants de Beaurains faisaient rebâtir leur église, mais celle-ci ne devait pas encore subsister longtemps. En effet, trente ans plus tard la Révolution avait interdit l'exercice du culte dans toute la France ; les prêtres et les religieux étaient réduits à se cacher ou à s'expatrier, et la plupart des édifices religieux, après avoir été déshonorés par des réunions profanes, des fêtes républicaines ou autrement, allaient être mis en vente comme biens nationaux.

Antérieurement à 1792, l'église de Beaurains n'était qu'une succursale de la paroisse de Tilloy-lez-Mofflaines ; elle dépendait du doyenné de Croisilles et de l'archidiaconé d'Arras. Ses biens consistaient en cinq mesures trois boitelées et demie de terre, produisant un revenu annuel de 135 francs. Les terres de la cure avaient la même importance que celles de la fabrique ; elles furent confisquées et vendues intégralement au profit de l'Etat, le 29 mai 1793.

Le droit de dîme appartenait en grande partie au Chapitre d'Arras ; le locataire de cette dîme devait remettre tous les ans,

(1) Voyez pièces justificatives n°s 7 et 8.

au curé de Beaurains, douze rasières de blé, seize rasières d'avoine, deux cents gerbées et cent bottes d'avoine (1).

En conformité d'un arrêté du Directoire du département, en date du 27 mai 1791, la cure de Neuville-Vitasse eut pendant quelque temps, dans sa circonscription, les succursales de Mercatel, Tilloy et Beaurains, qui devaient être desservies par des vicaires (2).

On trouve dans les archives du district d'Arras, à la date du 21 juin 1791, une réclamation faite par M. Decry, vicaire de Beaurains et Tilloy, afin d'obtenir le payement d'une somme de 350 francs, pour complément des 700 francs formant son traitement de l'année 1790. Cette demande est certifiée par M. Maupin, maire ; Jean Blondel et Plouvier, officiers municipaux (3).

Lorsque le culte fut aboli, la municipalité de Beaurains délégua deux commissaires qui eurent pour mission d'inventorier le mobilier de l'église. Nous reproduisons ci-après le procès-verbal de cette formalité.

« L'an mil sept cent quatre-vingt-douze, premier de la République Française, le vingt-huit octobre, nous Louis-Joseph Huret, maire, et Dominique Plouvier, secrétaire-greffier de la municipalité de Beaurains, commissaires chargés par le corps municipal dudit lieu à l'effet de faire l'inventaire des meubles, effets et ustensiles en or et en argent employés au service du culte en l'église de Beaurains, succursale de Neuville-la-Liberté, et ce conformément à l'article premier de la loi du dix septembre présente année, et avons procédé comme s'ensuit.

« Premièrement, à l'image de saint Antoine, avons trouvé deux cœurs d'argent.

« Deuxièmement, à l'image de saint Eloy, avons trouvé un cœur d'argent.

« Troisièmement, à l'image de saint Nicolas, avons trouvé un cœur d'argent.

(1) Archives du Pas-de-Calais, fonds des Etats d'Artois.

(2) Les registres de la commune de Beaurains renferment plusieurs signatures de Joseph Lebon qui était alors curé de Neuville.

(3) Archives du Pas de-Calais, série L.

« Quatrièmement, à l'image de Saint-Martin, avons trouvé deux cœurs d'argent.

« Cinquièmement, à l'image du Saint-Rosaire, avons trouvé trois cœurs d'argent.

« Sixièmement, à l'image de Notre-Dame-Pitié, avons trouvé un petit cœur d'argent et une bague à tête en argent.

« Septièmement, à l'image de Notre-Dame de Liège, avons trouvé un petit cœur d'argent.

« Huitièmement enfin, avons trouvé au soleil de la Remontrance une croix d'or.

« Pour le tout être remis par Dominique-Joseph Plouvier au Directoire du district d'Arras et en tirer décharge, conformément à l'article de la susdite loi.

« Fait et arrêté à Beaurains les jour, mois et an que dessus.

« Huret, Plouvier » (1).

L'or et l'argenterie désignés ci-dessus furent envoyés aux administrateurs du district d'Arras le 7 novembre 1792.

Un second procès-verbal, en date du 30 brumaire an II (20 novembre 1793), contient la désignation de quelques autres objets qui se trouvaient aussi dans l'église de Beaurains.

1° En cuivre : « quatre chandeliers, deux branches, deux pattelets, deux encensoirs, une navette, deux chaudrons, deux croix, une lampe ; » 2° en argent : « un soleil avec son pied, un ciboire, un calice avec sa patène, trois petites boîtes à mettre l'huile ; » 3° en étain : « deux burettes et un plat. » Lesquels objets ont été envoyés au district d'Arras le dit jour 30 brumaire an II (2).

Depuis l'année 1792 jusqu'en 1802, on ne fit à Beaurains aucun acte de catholicité pour les baptêmes, mariages et sépultures. Toutefois l'église ne fut vendue qu'en 1797 ; voici un extrait de l'acte d'aliénation :

« Du premier nivose sixième année de la République Française une et indivisible, Nous administrateurs du département du Pas-

(1) Archives de la mairie, série P.

(2) *Ibidem*.

de-Calais, pour et au nom de la République Française, en vertu de la loi du 28 ventose dernier, en présence et du consentement du Directoire exécutif, avons vendu et délaissé dès maintenant et pour toujours, au citoyen Proyart, charpentier de moulin, demeurant à Beaurain, canton de Rœux, à ce présent et acceptant, pour lui, ses héritiers ou ayant cause, les domaines nationaux dont la désignation suit.

« La ci-devant église de Beaurain, canton de Rœux, à l'exception de la cloche et accessoire d'icelle, et du terrain sur lequel se trouve bâtie ladite ci-devant église ; lesdits biens dépendant de la ci-devant fabrique de Beaurain et appartenant à la République en vertu de la loi du 13 brumaire an II, à l'usage du culte ; lesdits biens évalués conformément à l'article 6 de la loi du 28 ventose, par le procès-verbal de l'estimation du 28 vendémiaire an V du citoyen Pecqueur, fabricant d'huile demeurant à Arras, expert nommé par l'acquéreur par sa soumission du 24 messidor an V, n° 2977, et François Lenglet, arpenteur demeurant au faubourg de Paris lez Arras, expert nommé par délibération du département du 7 vendémiaire an V, en revenu net à la somme de 22 livres 10 sols. . . . .

« Cette vente est faite, outre lesdites charges et conditions, moyennant la somme de 2,205 francs, etc. » (1).

Lorsque l'acquéreur procéda à la démolition de l'église, il en forma plusieurs lots qui furent adjugés à différents particuliers.

La cloche ayant été exceptée de la vente, on la conserva avec soin pour être replacée dans le clocher de l'église actuelle ; elle porte en relief l'inscription suivante : JE SUIS NOMMÉE HUBERTINE PAR HAUT ET PUISSANT SEIGNEUR MESSIRE AMABLE-FRANÇOIS-HUBERT DE MALLET COUPIGNY, SEIGNEUR DE VERCHOCQ, BEAUQUESNE, ECOIVRES, BEAURAINS ET AUTRES LIEUX. On y voit le nom du fondeur : « GORLIER *fecit* » avec le millésime de 1786. De plus, il y a une croix et un cartouche avec les armes de la famille de Mallet-Coupigny. Nous avons entendu dire que la marraine de cette cloche était Madame Lefebvre, fermière à Beaurains.

(1) Archives du Pas-de-Calais, série Q.

Lors du rétablissement du culte, en 1802, M. Richez, ancien curé de Beaurains et Tilloy, revint dans cette paroisse et n'y trouva plus d'église. Madame Thiébault lui offrit un local qu'on appropria convenablement, et les paroissiens, restés fidèles aux pratiques religieuses, purent s'y réunir pour assister à la messe et aux prières publiques (1).

Afin de donner une idée des faibles ressources qui étaient alors à la disposition de M. Richez, nous allons donner un extrait du compte-rendu au maire de Beaurains, en 1803, par les marguilliers de cette paroisse (2).

	f	c
Recettes faites dans la commune	86	»
Pour six chaises dans l'église	18	»
Pour la croix.	31	»
Pour le pain des trépassés	98	40
Pourchats faits dans l'église	43	35
Pour l'herbe du cimetière	6	50
TOTAL.	283	25

Les dépenses pour le local servant au culte s'élèvent à	121	25
De plus, on a payé à M. Richez, pour calice et patène	9	»
Au citoyen Lefebvre « étainier », pour un ciboire.	15	»
Au citoyen Delor, pour une remontrance. . . .	30	»
Au citoyen Gonsse, pour les bouquets de remontrance et du saint ciboire.	30	»
Au citoyen Martin, chaudronnier, pour un encensoir.	24	50
Au citoyen Gorlier, ferblantier, pour deux pattelets, lanterne et bénitier	10	»
A reporter.	239	75

(1) M. Richez était logé chez Madame Thiébault, moyennant une somme de 100 francs payée par la commune.

(2) Archives de la mairie, série P.

Report.	239ᶠ	75ᶜ
Au citoyen Delor « argenteur », pour une croix de procession en cuivre	36	»
Pour goupillon	3	»
Pour paniers au pain des trépassés et au pain bénit et éteignoir	4	»
Pour nappe d'autel, lavabo et nappe de communion.	9	»
Pour charbon et encens pour les besoins de l'autel.	3	75
Au citoyen Hilaire Lequette, cirier, pour cire fournie à l'autel	32	05
Au citoyen Brongnart, peintre, pour avoir peint l'autel et fourni un tableau représentant un Dieu montant au Ciel	34	»
A Pierre-François Lequette, tonnelier, pour un bénitier en bois de chêne	2	»
Pour buis du dimanche des Rameaux	6	»
A Louis Joseph Plouvier, pour chandelles de suif.	4	»
A M. Richez, pour offices des morts	60	»
TOTAL DES DÉPENSES. . . .	433	55

Vers 1806, M. Thiébault, fils, se vit obligé de reprendre le bâtiment qui tenait lieu d'église ; il fallut alors demander l'autorisation de célébrer les offices dans une grange appartenant à Eloi Huret. La municipalité avait accepté la location de cette grange, en payant une somme de 30 francs pour toute la durée du bail. Mais, bientôt les inconvénients de cette situation provisoire devaient s'aggraver, et il fallut agir en conséquence : pour entendre la messe, on se trouvait à l'étroit et dans de mauvaises conditions de salubrité. Alors, le conseil municipal ne put se dissimuler qu'il était nécessaire de réédifier l'église sur ses anciennes fondations ; d'ailleurs, toute la commune s'intéressait à ce projet. Dans deux lettres adressées à l'évêque d'Arras et au préfet du département, les délégués du conseil exposèrent que « la consternation s'était emparée de tous les habitants, lorsqu'ils furent informés que la commune de Beaurains lez Arras était restée annexe de la succursale de Tilloy », et ils ajoutèrent qu'ils étaient tout disposés « à relever les murs de leur ancien temple sur ses débris » (1).

Afin de donner satisfaction aux intéressés, l'autorité épiscopale se concerta avec le préfet, et on fut d'avis de fixer le chef-lieu de la succursale dans celle des deux communes qui, « ayant plus de ressources, se procurerait au plus tôt une église. »

La communauté de Beaurains se hâta, dès lors, de faire rebâtir son église. D'abord elle eut l'intention d'y employer la pierre du pays, mais finalement il fut décidé qu'une maçonnerie en briques était préférable. Un arrêté préfectoral du 2 juin 1807 avait autorisé le maire à faire effectuer cette reconstruction par voie d'économie, et la dépense ne devait monter, suivant l'estimation préalable, qu'à 9,702 francs 50 centimes. En conséquence, on employa pour la charpente les meilleures pièces de bois provenant d'une grange qui avait été achetée tout exprès pour cela ; mais malheureusement, le violent ouragan du 31 juillet 1807 vint briser la partie principale de cette charpente qui était déjà placée sur les murs, causant ainsi beaucoup de retard dans les travaux et un notable préjudice aux intérêts de la commune. Malgré ce fâcheux contretemps le gros œuvre fut continué avec toute l'activité possible, et, aux fêtes de Pâques de l'année 1808, on put célébrer les offices dans la nouvelle église. L'année suivante, cette église était terminée, tant à l'intérieur qu'à l'extérieur, mais sa reconstruction ne fut approuvée définitivement qu'en 1813. La dépense totale s'élevait alors à 13,531 francs ; elle fut payée en partie avec le produit d'une souscription qui avait été faite dans la commune en 1807 (2).

Pendant longtemps, l'ameublement et la décoration intérieure du nouvel édifice ont dû être fort pauvres, car la fabrique ne possédait plus qu'un faible revenu. Vers 1840, les boiseries du chœur furent considérablement augmentées et embellies par les soins de M. Dupond, successeur de M. Moinard, ancien curé de la paroisse ; on y plaça les colonnes et les tableaux de l'autel, les

(1) Ces lettres portent les signatures de MM. J. Maupin, maire ; Darras, adjoint ; Thiébault, Tranen, Darras, Jean Blondel, Lequette, Bétrémieux et F. Darras (Archives du Pas-de-Calais, série V).

(2) Voyez pièces justificatives n° 16.

BEAURAINS (Pas-de-Calais.) Pl. 4.

Vue de l'Église.

stalles, etc. La sacristie, qui était très petite, fut agrandie jusqu'au mur latéral de la nef; les autels de la sainte Vierge et de saint Martin eurent aussi de nouvelles boiseries, et les statues de saint Clément, saint Eloi, saint Nicolas et sainte Catherine furent remplacées par d'autres statues plus grandes et mieux décorées (1).

Par suite de l'accroissement de la population, une nouvelle dépense devint bientôt inévitable. Chaque dimanche, comme chaque jour de fête, il y avait presque toujours manque de place dans l'église pour les paroissiens réunis en grand nombre. On fut donc forcé d'agrandir la nef jusqu'à la limite septentrionale du cimetière ; en même temps on construisit aussi un nouveau clocher et une tribune. Après ces travaux, exécutés vers 1852, d'après les plans de M. Traxler, architecte à Arras, on n'a fait que des réparations peu importantes, à l'exception du renouvellement des fenêtres et de quelques changements exécutés au maître-autel.

Primitivement, cette église n'avait que douze fenêtres, un clocher en bois et une porte latérale du côté du presbytère ; elle a maintenant seize fenêtres, deux portes latérales et un clocher en maçonnerie.

Sur le dessin ci-joint on voit que le clocher est une tour carrée dont les angles coupés sont ornés, en haut et en bas, de pierres avec moulures et sculptures. Les quatre côtés de cette tour sont percés de deux baies étroites, surmontées d'une sorte de cadran nu qui attend les aiguilles d'une horloge communale. Son toit, par sa forme originale, exige souvent des réparations qui ne sont pas sans danger pour les ouvriers ; il inspire aussi quelquefois une certaine inquiétude aux passants qui, en l'examinant de près, paraissent douter de sa solidité, surtout quand le vent souffle avec force et donne un balancement continuel à la croix. On voit aussi que la partie neuve de l'église est plus élevée que la partie ancienne. Le chœur, moins large et moins haut que la nef, présente, dans sa forme extérieure, deux angles coupés, appuyés sur des contreforts. Tout l'édifice est couvert en ardoises. Le

(1) Par son testament, du 7 mars 1838, la demoiselle Mélanie Boulet, décédée à Beaurains en 1853, a fait don, à la fabrique de l'église, d'une somme de 300 francs destinée à l'embellissement du maître-autel. (Archives de la mairie, délibération du 1er août 1853).

toit plat de la sacristie est en zinc, mais la partie primitive est couverte d'ardoises.

Avant 1865, l'église n'avait pas de vitraux coloriés. M. Raison, desservant actuel de la paroisse, aidé par la générosité de quelques familles, a puissamment contribué à embellir le chœur et la nef, en remplaçant les vieilles fenêtres par des vitraux peints, et en faisant l'acquisition de statues nouvelles, de lustres, de tapis, d'ornements d'autel, etc. C'est aussi à M. Raison qu'est due l'érection d'une grotte de Notre-Dame de Lourdes, dans l'arcade principale de la tribune.

Malgré notre profonde ignorance des termes techniques qu'on doit employer dans la description des édifices religieux, nous allons essayer de donner une idée à peu près exacte de l'intérieur de l'église dont il s'agit.

Les boiseries de l'autel, peintes en imitation de marbre et de stuc, se composent de quatre colonnes dont les chapiteaux sont ornés de têtes de chérubins et de feuillage doré. Le tabernacle est enrichi de colonnettes et de moulures dorées, encadrant une petite porte sur laquelle sont sculptés un calice et une hostie. Sur la partie inférieure de la table d'autel est représenté l'Agneau de Dieu, reposant sur le livre de vie où pendent les signets emblématiques.

Au-dessus du tabernacle on voyait encore, il y a peu d'années, un tableau de grande dimension représentant saint Pierre agenouillé près de Jésus. Ce tableau a été transféré au côté gauche de la nef, pour faire place à une statue du Sacré-Cœur de Jésus et à deux petits ovales fleuronnés et dorés qui entourent ces mots : VOICI CE CŒUR — QUI A TANT AIMÉ LES HOMMES. Un peu au-dessous, il y a deux petites niches où sont placées les statues de saint Pierre et de saint Paul.

La frise qui surmonte les quatre colonnes de l'autel est décorée de dorures. Au-dessus de cette frise s'élèvent trois petites voûtes azurées ; celle du milieu, terminée en ogive, est éclairée par un vitrail symbolisant la Sainte-Trinité entourée d'étoiles et de rayons dorés.

Sous le cintre qui précède les trois voûtes, on lit ces mots tracés en grandes lettres : GLOIRE A DIEU.

A droite de l'autel, une peinture encastrée dans une boiserie à moulures qui se terminent en forme d'ogive, représente sainte Thérèse écrivant dans sa cellule. Sur le côté opposé, on voit saint Louis de Gonzague agenouillé dans son oratoire et tenant un crucifix qu'il approche de ses lèvres.

Un grand lustre doré supporte la lampe du Saint-Sacrement au milieu du chœur.

Près des marches de l'autel, il y a des sièges adaptés aux boiseries pour les enfants de chœur.

A droite du chœur, se trouvent les stalles de M. le Curé et des Marguilliers. Les stalles du côté gauche sont réservées aux chantres ; il y a devant celles-ci un harmonium pour l'accompagnement du chant.

Les dalles du chœur sont en marbre blanc et noir. La balustrade ou table de communion qui sépare le chœur et la nef est en fer argenté avec appui-main en bois.

Sur les vitraux du chœur sont représentés : à droite, le Sacré-Cœur de Jésus ; à gauche, le saint Cœur de Marie. Entre ces fenêtres et les boiseries de l'autel on voit : à gauche, la statue de saint Joseph ; à droite, celle de sainte Catherine. Au-dessus des stalles sont placées, d'un côté la statue de sainte Anne, de l'autre côté la statue de saint Clément.

Les autels latéraux de la nef sont dédiés : l'un à la sainte Vierge et l'autre à saint Martin, patron de la paroisse. Chacun de ces autels est orné d'une belle statue et d'un reliquaire en cuivre doré, renfermant des reliques de saint Martin et de saint Benoit-Joseph Labre.

Contre les murs de la nef on trouve : à droite, une statue de saint François d'Assise, le confessionnal, un grand tableau de Jésus crucifié (1), une statue de saint Eloi et l'ancien calvaire de la paroisse ; à gauche, les statues de saint Benoit Labre, de saint Nicolas et de saint Roch, un tableau qui était primitivement au-dessus du maitre-autel et la chaire de vérité.

La chapelle des fonts baptismaux, renfermée par une grille

(1) Ce tableau est dû au talent et à la piété de Mlle Céline Cuvelier, qui en a fait don à l'église peu de temps avant son mariage avec M. Victor Mathieu, de Camblin-l'Abbé.

sous la tribune, est éclairée par une fenêtre dont les vitraux représentent le baptême de Jésus dans le Jourdain. Il y a, dans cette chapelle, une petite statue de saint Jean-Baptiste. La colonne et le bassin des fonts sont en marbre.

Les quatorze tableaux du chemin de la croix ont été donnés à l'église par M. Aimé Dupont, ancien vicaire de Tilloy-lez-Mofflaines, quelque temps avant son départ pour les missions étrangères (1).

L'escalier qui donne accès dans la tribune a été établi dans le coin opposé aux fonts baptismaux. Cette tribune est réservée aux élèves de l'école congréganiste pour l'assistance aux offices des dimanches et fêtes.

Six troncs sont placés près des portes latérales de l'église, afin de recueillir les offrandes des fidèles pour les pauvres de la paroisse, la propagation de la Foi, la lampe du Saint-Sacrement, le denier de Saint-Pierre, le Sacré-Cœur et la grotte de Notre-Dame de Lourdes.

Les lustres sont au nombre de cinq, y compris celui du chœur; il y a, de plus, une lampe devant la statue de Notre-Dame de Lourdes. Au-dessous de la grotte on voit plusieurs petits cadres renfermant des *ex-voto*.

Le pavé de la nef est en marbre losangé blanc et noir, à l'exception des deux côtés occupés par des chaises, où il y a des carreaux rouges. Sur une pierre bleue placée près de la porte du côté gauche, on lit l'inscription suivante : « Ici, le 13 juillet 1873, est décédée Félicie Darras en remplissant les fonctions de sacristine. R. C. P. »

Entre les premières rangées de chaises et la table de communion, il y a plusieurs bancs pour les petits garçons qui assistent aux offices. Pendant les vêpres des dimanches et fêtes ces bancs sont occupés, près de l'autel de la sainte Vierge, par quelques jeunes filles de la congrégation des Enfants de Marie, qui chantent alternativement avec le clerc laïque.

Nous devons maintenant faire connaître, en peu de mots, les pratiques religieuses et les fêtes particulières de la paroisse.

(1) Voyez plus loin la liste des vicaires de Tilloy qui ont résidé à Beaurains.

Chaque année, des quêtes sont faites dans l'église : à Pâques et à la Toussaint, pour le denier de Saint-Pierre ; le Vendredi-Saint, pour les Saints-Lieux ; à la fête de l'Assomption, pour les Facultés catholiques de Lille ; à la fête de Noël, pour les pauvres. Chaque dimanche, pendant la messe, un enfant de chœur fait aussi une quête, dont le produit est partagé par moitié entre la Fabrique et l'œuvre des Trépassés. Cette œuvre consiste principalement en une quête à domicile, qui a lieu le vendredi de chaque semaine ; beaucoup de familles donnent à la quêteuse un chanteau de pain ou quelques sous, pour acquitter les honoraires d'une messe dite de temps en temps en faveur des âmes du Purgatoire.

Les processions du dimanche des Rameaux (1) et de la fête de saint Marc se font toujours dans le cimetière ; celles des jours des Rogations, de la Fête-Dieu et du Rosaire, dans les rues du village. Cette procession de la Fête-Dieu a lieu le dimanche, avec une grande solennité. Les porteurs du dais du Saint-Sacrement sont accompagnés par les membres du Conseil de fabrique, tenant d'une main les cordons qui ornent ce dais, et de l'autre un flambeau ; on s'arrête, pour recevoir la bénédiction, à la chapelle de Notre-Dame de Miséricorde et en cinq ou six endroits différents où l'on a préparé des reposoirs ou autels provisoires. La paroisse toute entière met le plus grand empressement à donner à cette fête toute la magnificence qui lui est due.

La bénédiction des petits enfants, vers le soir de la fête de l'Assomption, est une cérémonie très touchante qui attire toujours beaucoup de mères de famille dans l'église.

Saint Martin, patron de la paroisse, est fêté le onzième jour de novembre ou le dimanche suivant. Il était d'usage de nommer, tous les ans, un maïeur de saint Martin, mais cette coutume religieuse a disparu depuis environ un demi-siècle.

Le vingt-trois novembre, on honore saint Clément, patron des fabricants d'huile et des ouvriers qui travaillent dans les moulins. Après la messe de ce jour, M. le curé nomme un maïeur de

(1) Les rameaux ou buis bénits sont conservés avec soin dans les maisons ; beaucoup de familles ont l'habitude d'en planter quelques branches dans leurs champs, leurs jardins et sur la tombe de leurs parents défunts.

saint Clément. Lorsque son année d'exercice est expirée, ce maïeur remet ses fonctions à son successeur ; il est tenu d'acquitter les honoraires des offices religieux de la fête, et, de plus, il doit donner un repas auquel le maïeur entrant est invité à prendre part.

Les fêtes de sainte Catherine, saint Eloi, et saint Nicolas se font chaque année, en observant la même coutume que pour le jour de saint Clément.

Comme dernière fête religieuse, nous devons mentionner l'adoration du Saint-Sacrement ; elle est solennisée le vingt-neuf du mois de décembre.

A cet aperçu déjà très long, il faut encore ajouter que, pendant les trois derniers jours de la Semaine-Sainte, la chapelle du Saint-Sépulcre est dressée en forme de tombeau à l'autel de saint Martin. Un crucifix est placé sur un coussin, au pied de l'autel ; les fidèles viennent y faire leurs prières et déposer une offrande destinée à payer les frais du luminaire. Des hommes de bonne volonté veillent auprès du Saint-Sépulcre pendant toute la nuit du Jeudi-Saint au Vendredi-Saint. Lorsque les cloches ne doivent plus être entendues, l'heure des prières est annoncée par cinq ou six enfants qui parcourent les rues du village en faisant tourner leur crécelle devant chaque maison (1). Après la messe du Samedi-Saint, ces enfants vont recevoir leur salaire ; chaque famille leur donne des œufs,ou quelques sous qu'ils partagent entre eux quand leur tournée est terminée.

De temps en temps, plusieurs femmes et filles de la paroisse se font un devoir d'aller en pèlerinage à Lourdes, à Albert, à Arras, à Boisleux-Saint-Marc (Leauwette) et à Amettes, pour y prier la sainte Vierge et saint Benoit-Joseph Labre.

En voyant que, dans la paroisse de Beaurains, les sentiments profondément religieux se sont toujours maintenus, de génération en génération, parmi de nombreuses familles, il est assez étonnant de n'y rencontrer aucune vocation pour le sacerdoce. Depuis plus d'un siècle, on ne peut citer que deux hommes qui ont embrassé la vie religieuse. Le premier, François Blondel, était au couvent

(1) Dans le patois du village, on désigne les crécelles sous le nom d'*écalette* ; les enfants qui s'en servent sont des *écaletteux*.

des Récollets de Béthune en 1790 ; après la suppression des ordres religieux, il revint au foyer paternel et y passa le reste de ses jours avec Etienne, son frère (1). A une époque plus récente, un autre habitant de Beaurains nommé François Richard, fut admis comme novice chez les frères de la doctrine chrétienne, à Saint-Omer, et y prononça ses vœux ; il mourut, jeune encore, entouré de l'estime et de l'affection de ses supérieurs.

Plus nombreuses sont les jeunes personnes qui ont renoncé aux joies de la famille, pour prendre le voile et se consacrer à la vie austère ; voici leurs noms : Henriette Blondel, au couvent de Sainte-Agnès, à Arras : Abéline Lequette, au couvent des Chariottes ; Catherine Blondel et Zélie Roussel, sœurs hospitalières ; Florence Thiébault, en religion Mme Sainte-Françoise du Saint-Sacrement, religieuse Bénédictine, à Arras ; Elise Poiteau, dans l'ordre de Saint-Joseph de Cluny ; Irma Ronnel, religieuse de la Sainte-Famille, à Amiens.

Cimetière. — Le cimetière actuel de Beaurains est attenant à l'église et au presbytère ; il y a peu de chose à en dire, quant à présent : son agrandissement en 1863 et l'érection d'une grande croix en 1872, à l'extrémité occidentale, tels sont les faits principaux à signaler. Les épitaphes en bois n'y sont plus en grand nombre, comme autrefois ; sur la plupart des tombes, on voit maintenant des croix en fer ou des mausolées en marbre ; il y a aussi quelques sépultures entourées de grilles. Parmi les plus anciennes tombes on peut citer celle de « Madame Rose-Marie-Ernestine Pohiez, veuve de Monsieur Adrien-Dominique-Constantin Thiébault, ancien substitut du procureur général près le Conseil d'Artois, décédée à Arras le 26 décembre 1837, âgée de 89 ans et 4 mois. »

Avant de parler du tombeau de M. Dupond, ancien curé de la paroisse, nous devons rappeler qu'il termina sa vie dans la retraite, au faubourg Saint-Sauveur-lez-Arras (2). Son corps fut ramené à Beaurains, afin de l'inhumer à l'endroit qu'il avait choisi lui-même pour sa sépulture. Un service solennel a été

(1) Voyez pièces justificatives n° 15.

(2) Voyez l'*Annuaire* du diocèse d'Arras, année 1877.

célébré le lundi 30 octobre 1876, en présence de tous les paroissiens réunis à l'église, d'un grand nombre d'ecclésiastiques, des membres de sa famille et de beaucoup de personnes venues des paroisses voisines pour assister à ses funérailles. L'oraison funèbre de ce vénérable prêtre a été prononcée par M. de Taffin, curé-doyen de Saint-Nicolas à Arras ; nous allons essayer d'en retracer quelques lignes.

« Notre Seigneur Jésus-Christ a dit, en arrivant au tombeau de Lazare : Notre ami dort. Aujourd'hui, nous pouvons dire aussi de M. Dupond : Notre ami dort, pour se réveiller au jour de la résurrection des morts. Je dis notre ami, parce que M. Dupond était véritablement votre ami ; il vous a aimés beaucoup, et vous avez compris cet amour, puisque vous êtes venus en si grand nombre prier pour lui. M. Dupond ne s'est pas contenté seulement de vous aimer, il s'est sacrifié pour vous, et lorsque, après de longues années consacrées entièrement au salut de vos âmes, il s'est vu dans la nécessité de donner sa démission pour cause de santé, son cœur fut déchiré au moment de quitter sa paroisse. Ah ! c'est que M. Dupond avait un cœur d'or, un cœur aimant. Il était bon, il était franc, et c'est surtout en le visitant dans sa dernière maladie que nous avons apprécié en lui ces qualités. Voici les dernières paroles qu'il a prononcées lorsque nous sommes allé lui administrer les derniers sacrements : « Je crois, j'espère, j'aime. » M. Dupond a dit : Je crois, et il avait une foi inébranlable ; il a cru en Dieu, en Notre Seigneur Jésus-Christ. Sa foi ne fut pas moins vive pour les vérités de l'Eglise notre mère ; nous en avons été témoin nous-même, à l'époque où se tenait le Concile du Vatican dans lequel il avait un de ses proches parents. Sa joie fut grande, lorsque ce Concile proclama l'infaillibilité du Pape, et il adhéra de toute son âme à cette décision.

« J'espère, a encore dit M. Dupond, et son espérance ne s'est jamais démentie. Cependant, il y eut chez lui un moment de crainte ; la pensée du jugement de Dieu l'effraya. Et savez-vous pourquoi il eut peur ? C'est parce qu'il craignait de n'avoir pas assez travaillé pour le salut de vos âmes. Mais, lorsqu'on lui rappela tout le bien qu'il avait fait dans sa paroisse, le calme se fit dans son esprit et il espéra de nouveau jusqu'à la fin.

« M. Dupond a dit aussi : J'aime, car il vous aimait, et il aima Dieu par dessus toutes choses. C'est surtout dans le saint sacrifice de la Messe que cet amour se manifesta plus particulièrement. M. Dupond voulut offrir le saint sacrifice jusque dans ses derniers jours, malgré sa faiblesse, malgré ses souffrances ; il était obligé quelquefois de s'asseoir en disant la Messe, et il la continuait aussitôt que le mal diminuait.

« Après une existence si fidèlement employée à la gloire de Dieu, nous pouvons penser que l'âme de son serviteur, purifiée par le saint sacrifice offert au Souverain Juge, est entrée dans la gloire éternelle. Mais, comme nous ne pouvons pénétrer les jugements de Dieu, nous prierons encore pour lui, afin qu'il ressuscite au dernier jour, pour le Ciel, avec tous ses paroissiens, et nous espérons que pas un seul n'y manquera. »

Une souscription a été faite pour ériger un monument sur la tombe de M. Dupond. Ce mausolée consiste en une grande pierre bleue, en forme de croix, sur les extrémités de laquelle sont gravés ces trois mots : *Credo*, *spero*, *amo*. Au centre des bras de croix se voit un calice en marbre blanc, symbole du sacerdoce, et un peu au-dessous une statue de la sainte Vierge. Sur la base de cette croix on lit l'inscription suivante :

ICI REPOSE LE CORPS DE
M. L'ABBÉ PLACIDE DUPOND
ANCIEN CURÉ DE BEAURAINS
(1833-1862)
DÉCÉDÉ A SAINT-SAUVEUR-LES-ARRAS
LE 28 OCTOBRE 1876
A L'AGE DE 68 ANS.
Il vous dit encore ce qu'il a tant de fois répété :
Le juste vit de la Foi (Ep. aux Rom. I, 17.)
Nous avons connu et cru par la Foi l'amour
que Dieu a eu pour nous (I S. Jean, IV, 16.)
R. I. P.

Les paroissiens de Beaurains reconnaissants.

Presbytère. — Le presbytère se trouvait anciennement sur un terrain aboutissant à l'ancien cimetière. Il n'a pas toujours été habité, car on trouve, dans les archives de la mairie, un dossier relatif aux contestations qui eurent lieu, vers l'année 1765, entre M. Crampon, curé de Beaurains, et les habitants de cette commune. Ceux-ci prétendaient que M. Crampon ne devait plus jouir de ce presbytère, attendu qu'il faisait continuellement sa résidence au village de Tilloy-lez-Mofflaines (1). Divers documents prouvent que la maison presbytérale dont il s'agit était située sur un manoir qui appartient aujourd'hui, par moitié, aux époux Lucien Cuvillier et Amédée Crapoulet.

Par suite de l'échange qui eut lieu en 1763, ce presbytère devint la propriété de M. du Carieul, seigneur de Beaurains. On voit, en effet, dans un acte du 2 janvier 1768 que « messire Adrien-François-Valentin du Carieul, chevalier, marquis de Fiefs, seigneur de Beauquesne, Beaurains et autres lieux, capitaine de dragons, demeurant ordinairement en son château de Beauquesne, » accorde en arrentement à Louis-Eloi Plouvier, clerc, demeurant au village de Beaurains, et Marie-Thérèse Darras, sa femme ; Pierre-Antoine Lequette et Marie-Angélique Richard, sa femme, « deux boitelées de manoir à prendre dans l'ancien presbytère séant audit Beaurains, » pour tenir d'une liste aux manoirs de Jeanne-Marguerite Roger, d'autre liste à l'ancien cimetière, d'un bout à vingt-cinq verges de François Lequette, d'autre bout à la rue de l'église (2).

En 1776, une assemblée générale des habitants de Beaurains réunis le 9 du mois de juin, devant le portail de l'église, résolut de faire bâtir une maison vicariale au lieu nommé le Presbytère. MM. Carton, Lefebvre et Lemaire, fermiers, adhérèrent à cette résolution, mais ils firent observer qu'il était nécessaire de différer les travaux, parce que la commune n'était pas encore libérée intégralement des dépenses faites pour la construction de l'église.

Le presbytère actuel a été bâti en 17... Joseph Lebon, curé

(1) Voyez pièces justificatives n° 17.

(2) Archives du Pas-de-Calais, série E.

de Neuville-Vitasse eut souvent l'occasion de s'y arrêter pendant l'année 1792, surtout quand ses fonctions de desservant l'appelaient à Beaurains pour un baptême, un mariage ou un décès. En cette même année il adressa, aux administrateurs du département du Pas-de-Calais, une réclamation qui est relatée de la manière suivante dans les registres aux arrêtés du Directoire : « Vu la pétition dudit sieur Lebon expositive que le sieur Decry a quitté Beaurains où il étoit ci-devant vicaire, mais que la maison et le jardin qu'il occupoit seront bientôt dilapidés, si la municipalité n'est point autorisée à y mettre un gardien, surtout pendant la nuit ; il espère aussi qu'en remplissant les fonctions de vicaire de Beaurains, il fait gagner à la nation une somme de 700 livres ; il demande que, par égard pour son zèle, il soit remis chaque mois, à la municipalité, une somme de 15 livres pour être distribuée, d'après le mode qu'il donnera, aux pauvres de Beaurains. — 3 mai 1793. Renvoyé au district d'Arras, pour avoir son avis » (1).

Cette maison presbytérale fut vendue le 11 fructidor an IV (28 août 1796), à Guislain-Joseph Pecqueur, fabricant d'huile à Arras, moyennant la somme de 900 francs. Conformément à une délibération communale du 4 fructidor an XII (22 août 1804), elle a été rachetée par M. Maupin, maire, afin de lui rendre sa destination primitive.

Dans un procès-verbal d'estimation en date du 28 fructidor an XIII (15 septembre 1805), il est constaté que le terrain du presbytère contient douze ares quatre-vingt-sept centiares, dont la majeure partie est à usage de jardin légumier planté d'arbres, « et enclos de murs de terre avec piétement de maçonnerie et chaperonnés de paille » ; qu'il y a au bout dudit manoir contigu au cimetière, un bâtiment ou corps-de-logis en bonne maçonnerie de briques et de pierres blanches, ayant vingt-cinq mètres de long sur six et demi de large hors d'œuvre, divisé en quatre pièces carrelées de terre cuite, dont deux cabinets, une cuisine servant de place à manger, une salle séparée de ladite cuisine par un corridor, un escalier et une descente de cave, et enfin,

(1) Archives du Pas-de-Calais, série L.

qu'au dessus des dites pièces se trouvent « de bons planchers surmontés d'une charpente solide formant comble, couvert en paille, » le tout en bon état (1).

Divers travaux exécutés à ce presbytère en 1828, ont occasionné une dépense de 4,363 francs ; il s'agissait alors, de substituer une couverture en pannes à celle en chaume ; de construire des étables, une écurie, etc. (2). Depuis cette époque, on a fait quelques embellissements à l'intérieur et on a construit une petite buanderie près du puits ; précédemment, les murs du jardin avaient été refaits en maçonnerie.

Les renseignements qu'on trouve dans les registres et papiers de la mairie pour établir une liste des curés de Beaurains, antérieurement à 1792, sont très incomplets. Depuis l'année 1712 jusqu'à l'époque actuelle, la nomenclature est complète ; nous l'avons divisée en deux parties.

1° Avant la Révolution :

MM. Lebon (Benoit)	1588 — 1599
Leducq (Jean)	1690
Boniface	1704
Legrand (Pierre-Alexandre) . .	1712 — 1734
Boniface (Pierre-Nicolas). . .	1734 — 1737
Crampon (Jean-Pierre). . . .	1737 — 1771
Magnier	1771 — 1778
De Simencourt	1778 — 1782
Le Prestre.	1782 — 1783
Richez (3)	1783 — 1792
Decry, vicaire	1790 — 1792

(1) Archives du Pas-de-Calais, série Q.

(2) M. Moinard, ancien curé de Beaurains, voyageait souvent à cheval pour aller desservir son annexe de Tilloy-lez-Mofflaines.

(3) M. Richez (Antoine-Joseph) naquit à Monchecourt (Nord) en 1743. Ordonné prêtre en 1768, il fut d'abord vicaire de l'Hôtel-Dieu de Paris, puis assistant de M. le curé de Saint-Aubert à Arras en 1778, et enfin curé de Tilloy et Beaurains en 1783. N'ayant pas consenti à prêter serment au commencement de la Révolution, il dut quitter sa paroisse le 2 septembre 1792 et revint en 1797. Arrêté et détenu en 1798, il passa deux ans en prison à Saint-Omer. Après sa mise en liberté, il exerça dans le pays le métier de colporteur et revint plusieurs fois dans sa paroisse en costume de charretier. Il reprit possession de sa cure de Beaurains en 1802.

2° Depuis le rétablissement du culte :

MM. Richez, ancien curé, réinstallé .	1802 — 1805
Moinard (1)	1806 — 1832
Dupond (Placide) (2)	1833 — 1862
Raison (François) (3)	1862 —

Pendant les années 1834 à 1844, l'annexe de Tilloy-lez-Mofflaines fut desservie par des vicaires qui eurent, presque tous, leur résidence au presbytère de Beaurains ; il n'est pas inutile de rappeler ici leurs noms.

M. Dupond (Aimé), 1834 à 1838. — Se voua aux missions étrangères et fut nommé évêque en Chine. Quelque temps après le voyage qu'il fit, en 1869, pour assister au Concile du Vatican, les habitants de Beaurains eurent la joie de voir ce vénérable prélat et d'entendre sa parole sympathique dans l'église. Il mourut le 11 décembre 1872.

M. Dupond (Frédéric), 1839 à 1842. — Proche parent de Mgr Aimé Dupond et de M. l'abbé Placide Dupond, fut successivement curé de Couin, Puisieux et Ablainzevelle, il est mort dans cette dernière paroisse en 1891.

M. Goubet, 1843. — Résida à Tilloy-lez-Mofflaines.

M. Roger, 1844. — Curé de Tilloy après l'érection de cette annexe en succursale ; décédé à Gonnehem en 1879. Sa vie et son ministère pastoral sont retracés dans une notice qui a paru en 1880 dans l'*Annuaire du diocèse d'Arras*.

(1) M. Moinard (Romain-François-Joseph), fils de procureur, né à Arras en 1763, vicaire à Hénin-Liétard, déporté pendant la Révolution, instituteur particulier et ensuite curé de Beaurains et Tilloy *(Hist. du clergé pendant la Révolution*, par M. l'abbé Deramecourt, t. IV, p. 469).

(2) Voyez plus haut, pages 456, 457 et 458.

(3) Né à Grévillers le 14 avril 1827 ; ancien vicaire d'Hénin-Liétard et ensuite curé de Bavincourt.

§ 2. — La Croix, le Calvaire et les Chapelles.

Comme toutes les anciennes croix érigées sur les routes, celle de Beaurains a dû être une croix en pierre ou en fer. Dans une enquête de l'année 1307 que nous avons déjà citée, elle est indiquée comme limite de la banlieue d'Arras ; depuis cette époque jusqu'au XVIIIe siècle, il n'en est plus fait mention dans aucun titre. Avant 1737, elle était à gauche de la route, mais lorsqu'on modifia le tracé de cette route, la croix s'est trouvée à droite, près de l'ancien chemin de Mercatel. Jusqu'en quelle année cette croix a-t-elle subsisté ? Nous l'ignorons. Sur son emplacement on planta un calvaire qui fut bénit le 4 août 1776 par M. Magnier, curé de Tilloy et Beaurains (1). La Révolution a détruit ce calvaire, et son terrain a été vendu pour la somme de « vingt francs et dix sous » (2).

En 1820, la commune de Beaurains fit renouveler le signe de la Rédemption près du chemin de Neuville-Vitasse. L'arrêté préfectoral qui a autorisé cette érection est conçu dans les termes ci-après :

« Nous, Préfet du département du Pas-de-Calais,

« Vu la demande formée par M. Moinard, desservant de Beaurains, au nom des habitants de cette commune, à l'effet d'obtenir l'autorisation de faire ériger un calvaire audit lieu, et à frais communs, sur le chemin de Beaurains à Neuville-Vitasse ;

« Vu l'avis favorable de Mgr l'Évêque d'Arras,

« Arrêtons : M. Moinard, desservant de Beaurains, est autorisé

(1) Archives de la mairie, registres de la série E.

(2) Archives du Pas-de-Calais, série Q.

Dans un état des recettes et dépenses faites pour la commune de Beaurains on lit ce qui suit : Payé au citoyen Couvreur, pour avoir démonté la croix, 5 fr. — Reçu du sieur Jean-Charles Legay, pour le calvaire, 37 fr. — Reçu du citoyen Jean-P. Delahay, pour la croix, 26 fr.

à faire ériger, au nom des habitants et à frais communs entr'eux, un calvaire sur le chemin qui conduit de Beaurains à Neuville-Vitasse. 5 juin 1820. »

Cinquante ans plus tard, l'arbre de la croix manquait de solidité à sa base ; on le transféra dans l'église et il fut remplacé par un calvaire entièrement neuf. Sa bénédiction solennelle eut lieu en 1869, au milieu d'une nombreuse assemblée venue pour assister à cette cérémonie. Ce monument religieux est toujours l'objet d'une profonde vénération de la part des fidèles de la paroisse ; ceux qui assistent à la procession des Rogations s'y arrêtent pour chanter : *O crux ave spes unica.* « Je vous salue ô croix notre unique espérance. »

Chapelles. — Il y avait autrefois deux chapelles dans le village de Beaurains. La plus ancienne était celle des lépreux du Petit-Val ; l'autre dépendait d'une ferme qui a appartenu successivement à MM. Leducq, Poitart et Thiébault (1).

Un auteur contemporain que nous avons déjà cité plusieurs fois dit, dans ses *Mémoires*, que la chapelle de la ferme de M. Leducq était située « à l'opposite d'une motte de terre ronde et assez élevée » et qu'elle était chargée de deux messes par semaine ; il dit aussi qu'en 1733 elle était presque détruite : « on n'en voyait plus que les murailles et les deux pignons. » Elle a sans doute été restaurée vers le milieu du XVIIIe siècle, car nous trouvons dans une lettre du 15 avril 1763 relative à l'ancienne église de Beaurains, que Mgr de Bonneguise, évêque d'Arras, permit de « transporter les vases sacrés, ornements et fonts baptismaux dans la chapelle du sieur Leducq, et d'y faire les fonctions curiales pendant la reconstruction de ladite église » (2).

Elle fut vendue et complètement démolie pendant la Révolution. L'acte de vente est reproduit littéralement ci-après, exception faite des noms de personnes.

(1) Voyez le paragraphe I de la quatrième partie.
(2) Pièces justificatives, n° 9.

« Le trente frimaire, an deuxième de la République Française, à cinq heures du soir.

« D'après la procuration de la veuve X., qui autorise le corps municipal de la commune de Beaurains à vendre la chapelle appartenante à ladite veuve X., sexion du Buisson-du-Lieu. Après avoir fait batre la quaise qui a annoncé la vente de ladite chapelle, nous nous sommes assemblés en la maison commune à effet de la faire crier au plus offrant et dernier enchérisseur, les murs seulement et le toy ; s'étant réservé l'escalier, la porte, le plancher, gites, sommier, les vitres, les treilles et tout le fer.

« En conséquence, nous avons mis en vente le toy consistant en chevrons, un sommier et des pannes, qu'ils furent adjugés à Alfonce D. à la somme de 92 livres ; les murs, le pavé, a été adjugé à Jean-Philippe D. la somme de 107 livres, qu'ils promettent payer huit jours après l'adjudication. Jean-Philippe D. est obligé d'avoir démonté lesdits murs un mois après l'adjudication. En foi de quoi ils ont signé les jour, mois et an que ci-dessus. » (*Suivent les signatures.*)

On ne pourrait désigner d'une manière précise l'emplacement qu'occupait cette chapelle, mais il faut admettre, comme chose certaine, qu'elle était bâtie sur un terrain actuellement enclavé dans le pré de M. Parenty-Wartel.

Non loin du terrain que nous venons d'indiquer se trouve une nouvelle chapelle, dont la construction a été autorisée par arrêté préfectoral du 23 avril 1851. Fondée par M. Auguste Wartel et par Mme Guislaine Théry, son épouse, elle appartient présentement à M. Parenty-Wartel. On y voit, à l'intérieur, un petit autel et un tabernacle au-dessus duquel est placée la statue de la sainte Vierge. Le frontispice de ce monument est orné de quelques sculptures et de moulures ; on y lit ces mots ciselés en relief : MARIE MÈRE DE MISÉRICORDE, avec le millésime de 1851.

(1) Archives de la mairie, série P.

BEAURAINS (Pas-de-Calais.) Pl. 5.

1. Chapelle de Notre-Dame de Miséricorde.
2. Ancienne ferme de la famille de Beauffort.
3. Grès représentant les armoiries des de Beauffort.

LES PERLES DES TROIS COURONNES

(*Légende religieuse.*)

Quelques jours après la naissance de l'Enfant-Jésus, trois anges descendus du ciel allèrent à Bethléem, pour s'agenouiller auprès de la crèche du divin Sauveur. Ayant fait leurs adorations en présence de la sainte Vierge Marie et de saint Joseph, ils résolurent de se mettre en route, pour venir en Occident annoncer l'heureux avènement du saint Rédempteur du monde. Leur voyage devait être long et pénible. Lorsqu'ils eurent traversé divers pays, se sentant accablés de fatigue, ils s'arrêtèrent souvent pour prendre quelque repos. L'un de ces voyageurs était l'ange gardien de la Pauvreté. Les deux autres se nommaient l'ange de la Charité et l'ange de l'Humilité ; ils marchaient en avant, mais bientôt ils dûrent attendre que l'ange de la Pauvreté les eût rejoints. Celui-ci, en arrivant près de ses compagnons, leur montra une blessure qu'il s'était faite en heurtant une pierre du chemin. Cet ange portait sous son manteau trois couronnes qui lui avaient été données par Marie et Joseph, en la ville de Béthléem ; elles différaient l'une de l'autre par leurs couleurs et par une perle placée sur le principal fleuron. La perle de la plus belle couronne brillait d'un vif éclat : elle était d'or ; l'autre était d'argent et la troisième avait l'apparence d'un morceau d'encens. Au moment où les anges s'arrêtaient, un homme dont les vêtements ressemblaient à ceux d'un prêtre ou d'un lévite, passa assez près d'eux et vit qu'un des trois voyageurs était blessé, mais il se contenta de les saluer sans s'arrêter. Peu après, un pauvre messager arriva aussi près des trois anges et, ayant remarqué leur fatigue, il en fut touché et leur proposa de les aider jusqu'à la bourgade voisine. Lorsque le messager fut près de sa demeure, il invita les trois voyageurs à entrer chez lui. La femme de ce bon Samaritain s'empressa alors de leur offrir tout ce qui était nécessaire pour bien passer la nuit ; ils acceptèrent volontiers. Avant de se remettre en route, le jour suivant, les trois anges instruisirent le messager et sa femme de la bonne nouvelle qu'ils devaient annoncer dans le monde entier. Puis ils leur remirent les trois couronnes qu'ils portaient et leur dirent : Ces fleurs sont destinées à tous les hommes de bonne volonté ; s'il se trouve quelques-uns de ces hommes parmi vos voisins ou vos amis, vous pourrez les leur offrir, car, aussitôt que vous les aurez données, elles seront remplacées par d'autres fleurs de diadème semblables à celles-ci. Alors les anges continuèrent leur chemin, et, depuis ce temps, ils voyagent dans toutes les contrées de l'univers, en annonçant l'heureuse nouvelle et en distribuant des fleurs de consolation et d'espérance aux bonnes gens qui les ont méritées.

D'après une tradition ancienne qui, de siècle en siècle, est parvenue jusqu'à nous, les trois anges dont il est parlé ci-dessus passèrent dans le village de Beaurains vers l'an 1580, et, s'étant arrêtés au presbytère, donnèrent trois couronnes au bon et digne pasteur de la paroisse. Ce vénérable prêtre les légua à son église, pour orner l'autel de Notre-Dame des Vertus ; elles y furent l'objet de la vénération des fidèles jusqu'en 1792. Lorsque les profanateurs des temps dépouillèrent l'église de son mobilier, les couronnes furent enlevées. Néanmoins la perte ne fut pas aussi grande qu'on le croyait alors, car les perles des trois couronnes s'étaient détachées sans que les ravisseurs s'en aperçussent, et avaient roulé jusqu'aux pieds d'un jeune enfant qui jouait aux billes près de la porte de l'église. L'enfant ramassa ces perles et les porta à sa mère. Cette bonne mère, qui avait entendu raconter la légende des trois couronnes, reconnut aussitôt les perles qu'elle avait tant de fois vénérées dans l'église, et les renferma dans une petite boite. Son intention était de les rendre plus tard à M. le curé de la paroisse, et certainement elle ne les eût point gardées s'il n'était survenu un évènement qui la rendit bien joyeuse. Il arriva que, pendant une vision, cette femme reçut la visite des trois anges de notre légende ; l'ange gardien de la Pauvreté lui dit alors, en s'approchant d'elle : Digne et vertueuse mère, gardez pour vous et pour votre famille, les trois perles que votre enfant vous a apportées ; elles seront le gage d'un bonheur qui n'aura point de fin. Et depuis ce jour, les perles de la Charité, de la Pauvreté et de l'Humilité sont précieusement conservées dans cette famille, comme un héritage préférable à tous les trésors du monde.

Observation. — Il est permis de douter des choses révélées dans cette légende, parce que le *Mémorial* ou registre paroissial de Beaurains n'en fait aucune mention ; bien qu'elle ait été trouvée dans les papiers de l'ermitage de Beaurameau, on ne peut la regarder que comme un document apocryphe, servant à rappeler la naïveté et principalement l'esprit de foi qui a toujours régné parmi les anciens habitants de nos campagnes.

TROISIÈME PARTIE.

---

§ 1. — La Mairie et l'École des garçons.

Avant 1790, la commune de Beaurains était administrée par un lieutenant. Lorsqu'il fallait délibérer sur une affaire communale, les quatre plus haut cotisés et les principaux habitants étaient convoqués par une annonce faite, le dimanche, au prône de la messe paroissiale. Voici, d'après un livre moderne, comment on délibérait en assemblée générale : « La messe ou les vêpres venaient de se terminer ; les fidèles sortaient en foule de l'église. Tandis que les femmes regagnaient lentement leurs demeures, les hommes, vêtus de leurs habits de fêtes, s'arrêtaient et conversaient entre eux. Les cloches sonnaient, appelant les habitants à l'assemblée de communauté. Elle se tenait d'ordinaire devant la porte de l'église, à l'ombre des vieux arbres ou du clocher, et là, soit debout, soit assis sur les murs du cimetière ou sur le gazon, les hommes se groupaient autour du juge local, du syndic ou du praticien qui leur exposait la question sur laquelle ils devaient exprimer un avis ; ils délibéraient ensuite, souvent d'une manière simple et sommaire, quelquefois avec force, et lorsque leur délibération était terminée ils votaient à haute voix, soit pour la décision à prendre, soit pour l'élection des agents et des employés de la communauté » (1).

(1) *Le Village sous l'ancien régime*, par M. Albert Babeau, page 20.

En 1763, le lieutenant de Beaurains était M. Joseph Carton, fermier des terres et de la ferme de M. Boucquel de Lagnicourt ; il fut remplacé en 1780 par Amand Carton, son fils, qui conserva ses fonctions jusqu'en 1789. La lettre de commission de M. Carton est formulée en ces termes :

« Nous messire Pierre-Henry Boucquel de Lagnicourt, prêtre, chanoine de la cathédrale d'Arras, seigneur de Beaurains en partie, Noreuil, etc. Voulant pourvoir à l'administration de la justice dans l'étendue de notre fief et seigneurie du châtel de Beaurains, la Motte, et notre fief et seigneurie provenant anciennement de M. de Pan, sur lesquels trois fiefs et tout ce qui en dépend nous avons toute justice et seigneurie vicomtière et en dessous, avec tous autres droits ; et pareillement pourvoir à l'administration d'un autre fief et seigneurie foncière, lesdits fiefs et seigneuries au nombre de quatre relevés et s'extendant au village et terroir de Beaurains et allenviron ; en reconnaissance des bons services que nous a rendus le sieur Joseph Carton, et sur les bons rapports qui nous ont été faits du sieur Amand-Louis Carton, son fils, fermier demeurant audit Beaurains, l'avons commis et commettons par ces présentes au lieu et place de sondit père, pour notre lieutenant desdits fiefs et seigneuries, à l'effet d'y administrer la justice en notre nom et faire tous les devoirs appartenant à ladite charge, des honneurs et prérogatives de laquelle il jouira, sans néanmoins qu'il puisse rien exiger de nous sous tel prétexte que ce soit, et nous réservant de pouvoir le révoquer quand bon nous semblera, sans être tenu de lui en faire connaître la cause et sans aucune formalité de justice. Mandons à tous nos vassaux et autres, de reconnaître ledit sieur Carton en la susdite qualité, après qu'il aura presté en nos mains le serment en pareil cas requis. Donné à Arras, sous notre seing et le scel de nos armes, le 2 décembre 1780. — Signé : Boucquel de Lagnicourt, et scellé.

« Et ledit jour ledit Carton a été mandé en chambre et a prêté le serment ès mains de M. le lieutenant général, témoin le greffier soussigné : Damart. — 15 janvier 1782 » (1).

(1) Archives du Pas-de-Calais, B. 791.

Après l'organisation des municipalités, en 1790, on trouve successivement les noms de MM. Carton, Huret et Plouvier avec la qualification de « Maire ou Officier public. » Les notables composant le Conseil général de la commune étaient alors MM. Carton, J. Maupin, Tabary, Huret, H. Blondel, P.-L. Blondel, Jean Blondel, Tranaine, Jean-Adrien Cottel et Plouvier (1).

En 1795, Louis-Joseph Plouvier fut adjoint au maire de la commune, mais les services qu'il rendait en cette qualité n'étaient pas gratuits, car les comptes communaux témoignent qu'à la date du 24 floréal an IV (13 mai 1796), une somme de 275 livres lui a été payée « pour son annuité et exercice d'adjoint municipal et frais accessoires. » Dans une réunion du Conseil du 7 brumaire an V (28 octobre 1796), M. Maupin annonça que Louis-Joseph Plouvier avait l'intention de donner sa démission ; après avoir délibéré, les conseillers votèrent en faveur de Plouvier, afin de l'engager à « remplir et continuer la place d'adjoint municipal, lui faisant offre d'une somme de 250 livres pour l'indemniser de ses œuvres. » Louis-Joseph Plouvier ayant été informé de sa réélection, vint déclarer à l'assemblée « qu'il acceptait avec reconnaissance ladite place d'adjoint municipal. » (2)

En compulsant minutieusement les archives communales, nous avons pu dresser la chronologie des maires telle qu'elle est donnée ci-dessous.

MM.	Huret (Louis-Joseph)	mai 1792
	Carton (Amand-Louis)	janvier 1793
	Maupin (Jacques)	1793 — 1813
	Thiébault (Louis-François-Marie) .	1813 — 1832
	Cuvelier-Maupin (3)	1834 — 1846
	Wartel-Théry	1846 — 1848

(1) Archives de la Mairie, série Q.

(2) Archives de la Mairie, série F.

(3) Pendant l'intérim de 1832 à 1834, M. Cuvelier-Maupin a fait les fonctions de maire.

MM.	Thiébault (Louis-Charles-Liévin) (1)	1848 — 1861
	Cuvelier-Moullart	1861 — 1870
	Parenty (Victor).	1870 — 1871
	Blondel-Paradis.	1871 — 1875
	Plaisant (Louis-Joseph)	1875 — 1881
	Cuvelier-Moullart (2)	1881

Les membres du conseil municipal sont actuellement : M. Cuvelier (Léonce), maire ; M. Wartel (Edouard), adjoint ; MM. Pierre Lequette, Louis Viart, Damase Lefrère, Ludovic Thiébault, Victor Parenty, Albert Wartel, Clotaire Blondel, Adolphe Lequette, Jules Paradis, Henri Pagniez.

Le bâtiment de la mairie n'a rien qui le distingue des maisons voisines ; il est situé dans la rue du Puits, à l'opposite du passage qui conduit au cimetière. Les archives y sont renfermées avec soin, dans deux armoires de la salle du conseil municipal (3).

Ecole communale de garçons. — Un commerçant du village de Quarouble (Nord), nommé Casimir Gosselin, ayant eu sa maison saccagée pendant les troubles de la Révolution, vint établir son domicile à Beaurains en 1799. Après avoir sollicité pendant quelque temps la place d'instituteur, il fut reconnu apte à la remplir et la municipalité lui confia l'instruction des enfants. Son école fut d'abord installée dans un bâtiment peu solide, qui avait été construit dans le cimetière avec des pièces de bois provenant d'une vieille grange (4). L'ouragan du 31 janvier 1809

(1) M. Thiébault fut, pendant plusieurs années, le représentant du canton de Beaumetz-les-Loges au conseil général ; il mourut le 1er août 1861. (Voyez le discours prononcé sur sa tombe par M. Clément : *Annuaire du Pas-de-Calais*, 1862.)

(2) M. Cuvelier démissionna en 1870. Sollicité vivement, en 1881, par le conseil municipal et les habitants de la commune, il a consenti à reprendre les fonctions de maire qu'il avait déjà remplies pendant dix ans.

(3) Voyez l'Inventaire de ces archives à la suite des pièces justificatives.

(4) Archives de la Mairie : Quittance de la somme de 52 livres 10 sous payée au sieur Proyart qui a remonté « une charpente pour servir à usage d'une école et de maison commune. »

détruisit ce bâtiment, et l'école dut être transférée dans une maison louée par l'instituteur.

Pendant plus de vingt-cinq ans, la commune de Beaurains resta sans maison d'école. L'instituteur devait recevoir chez lui les enfants des deux sexes, pour les instruire, et c'est ainsi que MM. Plouvier, Commandeur, Lombart et Huret ont tenu leurs élèves jusqu'en 1837. En cette même année, l'administration municipale fit construire, près de l'église, un bâtiment à étage qui comprenait une salle de classes pour les garçons et les filles, deux petites chambres pour l'instituteur et la salle du conseil municipal. Mais, il faut dire que l'emplacement de cette école était peu convenable : la porte se trouvait près d'un chemin et à proximité d'un abreuvoir ; les enfants y étaient, par conséquent, exposés chaque jour aux accidents, à cause du passage fréquent des chevaux et des voitures.

Plus tard, les chambres occupées par l'instituteur étant devenues insuffisantes (1), on fit l'acquisition d'une maison qui appartenait à Mme Blondel-Plaisant, et des travaux d'agrandissement y furent exécutés afin d'y installer l'école de garçons, la mairie et le ménage de l'instituteur. Ce logement fut d'abord occupé par M. Joseph Pot, qui avait succédé en 1846 à M. Huret. M. Pot resta chargé de l'instruction des enfants jusqu'en 1878, puis il obtint une pension de retraite et conserva seulement la place de secrétaire de la mairie et celle de clerc laïque ; il mourut en 1885, honoré de l'estime et du respect de tous ceux qui l'ont connu. Ses anciens élèves ont fait une souscription qui a servi à payer le monument placé sur sa tombe.

L'instituteur qui a remplacé M. Pot est M. Théodore Quillot, natif de Cauchy-à-la-Tour. Son activité, sa fermeté et la bonne direction donnée à son école, qui ne renferme pas moins de quatre-vingts élèves, lui ont mérité les éloges de ses supérieurs et la sympathie des habitants de Beaurains.

(1) M. Pot avait épousé Mlle Elise Lemaire, dont il eut deux fils. L'aîné de ces fils est devenu professeur dans un collège.

§ 2. — L'école communale de filles et l'école libre.

Vers l'année 1845, il fut question d'établir à Beaurains une école spéciale pour les filles. A cet effet, on se mit en pourparlers avec la supérieure de la communauté des Augustines d'Arras, afin d'obtenir plusieurs religieuses qui devaient s'occuper de l'instruction des enfants. Mme Thiébault ayant donné à cette communauté un terrain tenant à la rue de Neuville, on y construisit un beau bâtiment, et quatre sœurs y furent installées pour y établir un petit pensionnat. Il était convenu que les jeunes filles du village seraient admises à l'école des religieuses, sans payer aucune rétribution ; mais quelques années plus tard, les pensionnaires et les écolières étant peu nombreuses, il fallut abandonner cet établissement (1).

Après un essai aussi infructueux, l'administration municipale fit bâtir l'école actuelle, sur l'emplacement d'une maison que M. Cuvelier, maire, avait achetée de ses propres deniers et qu'il donna à la commune. Dans la construction des salles de classes et du logement de l'institutrice, on a employé tous les matériaux provenant de l'ancienne école de garçons qui était devenue inutile (2).

Mademoiselle Marie Baroux fut chargée, pendant plusieurs années, de donner l'instruction aux jeunes filles ; mais sa santé, altérée par des fatigues au-dessus de ses forces, l'obligea à démissionner. Elle fut remplacée par deux religieuses de l'Immaculée-Conception. En vertu des nouvelles lois scolaires, une de ces

(1) C'est une grande et belle habitation, située à peu de distance de l'église, acquise en 1863 par M. Cuvelier-Moullart pour y faire sa résidence. Elle renfermait une petite chapelle où les religieuses et les pensionnaires se réunissaient pour prier en commun.

(2) Les nouveaux bâtiments dont il s'agit forment le coin des rues du Puits et du Petit-Val. A l'extrémité du jardin entouré de murs, il y a une remise pour la pompe à incendie.

religieuses dut céder sa place à Mademoiselle Marie Noreux, de Bertincourt, et, un an plus tard, on installa définitivement Mademoiselle Marie Choquet, en qualité d'institutrice.

Après cette laïcisation, c'est-à-dire en octobre 1888, une souscription dont Mme Thiébault, M. Ludovic Thiébault et M. Henri Pagniez prirent l'initiative, fut faite dans la commune, afin d'établir une école libre pour les filles. Beaucoup de familles s'associèrent généreusement à cette œuvre, voulant donner ainsi un témoignage d'attachement et de reconnaissance à sœur Modeste qui, avec un tact plein de dignité, avait toujours su plaire par son dévouement, sa bonté et sa douceur à l'égard des enfants. Mlles Thiébault achetèrent ensuite une maison et un jardin tenant à la rue de la Chapelle, et, après divers travaux d'appropriation pendant lesquels l'école congréganiste se tint dans un local provisoire, sœur Modeste et deux autres religieuses furent autorisées à ouvrir leur nouvelle maison d'éducation. Cette école a été bénite le 25 avril 1889 par Mgr Dennel, évêque d'Arras ; elle comprend une salle pour les grands enfants, une petite classe et une garderie. Les religieuses y ont leur logement, leurs écolières sont très nombreuses et les enfants y reçoivent l'instruction et tous les soins désirables.

QUATRIÈME PARTIE

---

§ 1. — Les anciennes Fermes seigneuriales.

1° La grande ferme qui fut autrefois le manoir féodal de Beaurains, était située sur le terrain où se trouvent à présent l'église, le cimetière et le presbytère. Elle est mentionnée dans la déclaration d'un « fief et noble tènement séant en la ville et terroir dudit Beaurains, » appartenant à Pierre de la Salle, lequel fief comprenait un « manoir amazé de maison, granges, étables, colombier et autres bâtiments contenant, avec le jardin et le vivier, trois mencaudées de terre ou environ ». Ce manoir est désigné de la manière suivante dans le rôle de centième de l'année 1569 : « Liénard Hanard, lieutenant du dit village, tient à cense et louage de M. de Terremaisnil la maison et cense, grange et estables contenant environ quatre mesures, avec le nombre de cent quarante-neuf mencaudées de terres labourables en plusieurs pièces, dont il rend, par chacun an, audit sieur, comme il appert par son bail, le nombre de cent cinquante mencauds de blé, soixante florins d'argent et deux pourcheaux de six livres, faisant le tout 216 livres. » Précédemment, ce domaine avait appartenu aux familles de Beauvoir et Briois, et était tenu en fief de l'abbaye de Saint-Vaast d'Arras (1). Il fut affermé le 18 mai 1746, avec cent quatre-vingt-une mesures de terre laboura-

(1) Voyez pièces justificatives, numéros 2 et 4.

ble, par Philippe du Carieul, seigneur de Fiefs, Beauquesne et Beaurains, « moyennant quarante rasières de blé et 925 livres 10 sols, » payables annuellement (1). En 1763 on retrouve cette même ferme dépendant du domaine seigneurial de M. du Carieul, seigneur de Fiefs et de Beaurains : « M. de Fiefs possède une maison seigneuriale et jardin contenant quatre mesures d'enclos, occupée par Joseph Carton, tenant à la rue de l'église allant au chemin de Neuville-Vitasse, d'autre liste à la rue du Maréchal, d'un bout à trois mesures trois boitelées d'un manoir amazé du sieur Leducq, d'autre bout à la place seigneuriale » (2). Elle fut démolie en la dite année, car dès 1764 une partie du terrain qu'elle occupait était à usage de prairie ; l'autre partie avait été abandonnée par échange, à la commune, afin d'y construire une nouvelle église et un presbytère. D'après le rôle de 1779, le terrain de la grande ferme de M. de Carieul, était réduit à deux mesures trois boitelées de manoir non amazé, tenant à quatre mesures et demie du sieur Poitart et au chemin de Tilloy ; il appartenait en 1784 à M. de Coupigny et fut vendu comme bien national pendant la Révolution (3).

2° M. du Carieul possédait à Beaurains une autre ferme moins importante que la précédente ; au commencement du XVIe siècle elle dépendait du domaine seigneurial de Pierre de la Salle et relevait du fief de la Motte appartenant à Jean de Markais, seigneur de Villers (4). En 1779 c'était un manoir contenant sept boitelées, aboutissant à la rue de Neuville, à quatre mesures et demie de M. Poitart, à la rue du Calvaire et à trente-cinq verges du presbytère (5). Il faut croire que cette ferme a été détruite vers la fin du siècle dernier, car le plan cadastral de 1804 n'en donne pas la configuration ; son emplacement est aujourd'hui un enclos à usage de pré appartenant à Mlle Thiébault.

3° La maison des Watines, moins ancienne que les fermes de M. du Carieul, a été possédée par les familles Le Sergeant et de

(1) Archives du Pas-de-Calais, fonds des Etats d'Artois : Impositions.
(2) Archives du Pas-de-Calais, fonds des Etats d'Artois, rôle de vingtième.
(3) Voyez pièces justificatives n° 8.
(4) *Idem.* — n° 4.
(5) Archives du Pas-de-Calais, fonds des Etats d'Artois.

Beaurains ; elle est imposée dans le cahier de centième de 1569 à la somme de 62 livres 5 sols 7 deniers, avec deux cent quatre-vingt mencaudées de terre labourable louées à David Lefebvre. M. Le Sergeant, seigneur en partie de Beaurains, la fit rebâtir en 1662. En 1707, la ferme des Watines fut donnée en arrentement perpétuel à M. Leducq, trésorier de la chancellerie d'Artois, par Louise-Antoinette de Beaurains, veuve de Jean-François Mailliet, seigneur de Liettres ; c'était alors un manoir amazé de maison, granges, étables, colombier et autres bâtiments, nommé *le Vatènes*, contenant cinq mesures et demie entourées de murailles, composant, avec le manoir de la chapelle, un marché de cent huit mesures qui était exploité par Philippe Lefebvre (1). Après la mort de M. Leducq, la maison des Watines appartint à M. Poitart, comme on le voit par l'article ci-après du rôle de vingtième de l'année 1779 : « M. Alexandre Poitart, seigneur en partie dudit lieu, pour quatre mesures et demie de manoir où est bâtie sa maison seigneuriale, tenant à la rue du Calvaire et à quatre mesures de Mme de Fiefs » (2). Ce domaine a été vendu le 1er février 1781 à M. Adrien-Dominique-Constantin Thiébault et Mme Marie-Rose-Ernestine Pohiez, son épouse ; il appartient encore présentement aux descendants de cette famille (3).

4° L'ancienne ferme des seigneurs de Beauffort est d'une haute antiquité. Vers le milieu du XVIe siècle elle était exploitée par Simon Le Blancq qui la tenait « à cense et louage de maître Hugues de Beauffort, » avec cent-vingt mencaudées de terre labourable. Le Père Ignace dit qu'elle fut reconstruite en 1663 ; ce millésime se voit encore aujourd'hui sur une pierre, au-dessus de la porte charretière. Un grès, placé dans le pignon du bâtiment d'habitation, représente les armoiries de la famille de Beauffort : *de gueules au château d'argent, au franc canton d'or chargé de six jumelles d'azur*. En 1763 cette ferme était louée à Pierre Laguilliez, et en 1779 on la retrouve au rôle de centième sous le

(1) Voyez pièces justificatives, n° 6.
(2) Archives du Pas-de-Calais, série C.
(3) Voyez pièces justificatives, n° 11. — Le mot *Watines* nous indique qu'il y avait anciennement des terres incultes ou des bruyères près de la maison dont il s'agit.

nom de M. du Cauroy : « Le jardin manoir où est bâtie sa maison seigneuriale contenant six boitelées, tenant à la rue du Calvaire, à une mesure de manoir du sieur Leducq et à la rue de Neuville.» Elle a été acquise en 1844 par M. Wartel-Théry et appartient actuellement à M. Parenty-Wartelle, avec la chapelle de Notre-Dame de Miséricorde construite près du jardin en 1851.

5° Un vaste manoir avec ferme et dépendances, jardin, pré et terres labourables au nombre de trois cents mencaudées, appartenait au XVIe siècle à Jean de Markais, seigneur de Villers-Cotterets ; il passa dans la famille de Coupigny par le mariage de Jeanne-Claire de Markais avec François de Coupigny, seigneur de Dixfort. Cette ferme fut louée le 4 décembre 1711, avec trois cent onze mesures de terre à labour, par Antoine-Dominique-François de Coupigny, seigneur de Beaurains en partie, à Pierre Truffier, moyennant un fermage annuel de « treize cents livres, trois cents gluis ou assayes de moutons pour être employés aux couvertures de ladite cense, et à charge de payer la rétribution de trois livres pour un obit fondé par la dame Distinguin, et une rasière de blé convertie en pains pour les pauvres qui y assisteront » (1). D'après le *Dictionnaire* du Père Ignace, ce domaine aurait été vendu par décret au Conseil d'Artois, sur M. de Coupigny, à M. Boucquel de Warlus. Le 29 janvier 1759, cette même ferme comprenant « un manoir amazé de cense, maison, pigeonnier, écurie, granges, étables et autres édifices, contenant, y compris le courtil à vallée, quatre mesures trente sept verges et demie, » a été donnée en location par Jean-Baptiste-Joseph Boucquel, seigneur de Sarton, Sombrin, Villers-sire-Simon, « chastel de Beaurains », la Motte en Beaurains et d'une seigneurie foncière au même lieu, de la seigneurie vicomtière provenant du sieur de Pan au dit Beaurains, Lagnicourt, Noreuil, Hardecourt-au-Bois, Beauval et autres lieux, demeurant en son château de Sarton, à Joseph Carton, fermier au village de Beaurains. Le fermage annuel était fixé par le bail à 380 livres en argent, cent trente rasières de blé, « et vingt rasières de scorion rendu à Arras et livré ès granges dudit sieur de Sarton » (2).

(1) Archives du Pas-de-Calais, fonds des Etats d'Artois : Impositions.
(2) *Ibidem.*

A cette grande exploitation, M. Carton avait ajouté celle de la petite ferme de M. du Carieul tenant au chemin de Neuville-Vitasse, à quatre mesures et demie de M. Poitart, à la rue du Calvaire et au jardin du presbytère. La maison seigneuriale de M. de Lagnicourt tenait à la rue de Neuville, et à quatorze verges de Noël Flochel ; M. Carton continua d'en être locataire jusqu'à ce qu'il fût remplacé par Amand Carton, son fils, lieutenant du village de Beaurains. En 1793, ce bon fermier se trouva dans l'inquiétude pendant quelque temps, parce que des agents révolutionnaires l'accusaient d'avoir violé les lois de la République, en cachant chez lui un religieux déporté (1). Une perquisition fut faite « dans la maison du citoyen Carton », afin d'y découvrir « l'ex-moine », mais ces recherches ne donnèrent point le résultat que les dénonciateurs espéraient (2) ; elles devaient néanmoins avoir des suites funestes, car la santé des habitants de la ferme en fut profondément ébranlée. La maison et les terres prises à louage par M. Carton furent, en partie, vendues le 19 octobre 1796 au profit de l'Etat ; l'acte de vente comprend « la moitié d'une ferme et marché de la contenance de deux cent quatre-vingt-huit mesures ou environ, » parmi lesquelles se trouvaient cent quatre-vingt-trois mesures de terre « en une seule pièce nommée la Couture, tenant au chemin de Tilloy » (3). L'autre moitié, étant restée indivise entre les héritiers de M. Boucquel de Sarton, ne fut point aliénée. M. Carton se rendit acquéreur des biens désignés ci-dessus, et, lorsque les plus mauvais jours de la Terreur furent passés, il s'empressa de les rendre à M. Boucquel de Lagnicourt qui lui en laissa la jouissance aux conditions les plus avantageuses. Quelques années plus tard, les principaux bâtiments de la ferme n'étant pas suffisamment entretenus, perdirent beaucoup de leur valeur ; ils furent démolis comme les deux censes de M. du Carieul et aujourd'hui il n'en reste plus la moindre trace.

(1) Ce religieux était Noël Goudemand, natif de Dainville, beau-frère de M. Carton.
(2) Voyez pièces justificatives, n° 15.
(3) Archives du Pas-de-Calais, série Q.

---

§ 2. — Les principales habitations, les rues, les chaumières.

Lorsque des passants ou des étrangers traversent le village de Beaurains, leur curiosité est attirée par quelques habitations qui ont toutes les apparences du confortable ; il est utile d'en donner ici un rapide aperçu.

Dans la rue de Neuville :

Nous avons dit que M. Cuvelier-Moullart avait acheté la maison des religieuses Augustines de Beaurains dans l'intention d'y établir sa résidence ; cette maison est maintenant un château avec cour, jardin et bâtiments divers, le tout entouré de murailles. Dans l'une des salles on voit un grand tableau représentant Mathieu Moullart, évêque d'Arras, avec ses armoiries.

La maison de Mlle Elise Plaisant, presque voisine de la précédente, est située vis-à-vis le jardin du presbytère. Sa construction ne date, au plus, que d'une quarantaine d'années. Elle est séparée de la rue par une grille et un petit jardin planté d'arbres. Le jardin potager est enfermé de murs.

Dans la rue du Puits :

Château de Mlle Thiébault, nommée anciennement *la maison des Watines*, avec un grand jardin protégé par de bonnes murailles. On voit sur sa façade principale la date de 1749 et sur le pigeonnier celle de 1774. Ce domaine seigneurial a appartenu successivement à MM. Le Sergeant, de Beaurains, Leducq et Poitart ; il passa par acquisition dans la famille Thiébault en 1781 (1).

Sur la Grande-Route :

Maison de Mme Blondel-Paradis, avec cour et jardin entourés

(1) Voyez pièces justificatives, n° 11.

de murs. C'était, il y a environ soixante-cinq ans, une ferme appartenant à M. Plaisant-Carton. Mlle Élise Plaisant, sa fille, en devint héritière et la vendit à M. Blondel-Darras ; elle fut ensuite habitée par M. Blondel-Bulteau, ancien avoué, et par M. Blondel-Paradis, ancien maire. Cette maison n'avait d'abord qu'un rez-de-chaussée ; M. Blondel-Bulteau y a fait faire toutes les constructions nouvelles y compris les murs du jardin. D'après les registres de la mairie, elle paraît avoir été habitée en 1811 par Edmond-Henri Montaignac, « vivant de ses biens » et dame Médric-Anne-Alexandrine-Louise de Valicourt, son épouse.

Maison de commerce de M. Duflos-Lestocquoy, négociant à Vitry, l'une des plus anciennes du village. Mme Derécourt, veuve en premières noces de M. Duflos médecin, y a fait construire un étage. Après la mort de Mme Derécourt, M. Duflos, son fils, y a continué le commerce d'épiceries et de farines.

M. Paradis, fabricant d'huile et de chicorée, habite une maison qui a appartenu à M. Etienne Demesmay, par suite de son mariage avec Mlle Louise Blondel ; elle a été pendant longtemps la demeure de M. Blondel-Plaisant, ancien adjoint au maire, et celle de M. Blondel-Paradis, son fils.

Château de Mme veuve Thiébault. Situé au milieu d'un grand jardin et ayant vue, d'un côté, sur une pelouse, cette habitation offre un coup d'œil très agréable. Tout son terrain est entouré d'arbres, de buissons et de haies, à l'exception d'un mur où se trouve l'entrée principale. Peu de temps après son mariage avec Mlle Proyart de Baillescourt, M. Thiébault fit bâtir ce château près d'un endroit où il y avait autrefois une briqueterie. Les anciens bâtiments de la basse-cour ont appartenu à François Blondel dit *Nanaille*, et l'école communale y fut transférée pendant peu d'années par M. Lombart, instituteur.

La maison de M. Pagniez, avec brasserie et dépendances, date du siècle dernier. MM. Maupin et Cuvelier-Maupin, anciens maires, y ont successivement habité ; elle a été transmise par héritage à M. Cuvelier-Moullart, et par vente à M. Pagniez.

Dans la rue de la Chapelle :

Maison de M. Parenty-Wartel, construite vers 1860 sur le

terrain de la ferme de M. Théry ; elle a été habitée par Mlle Stéphanie Théry et par M. Wartelle-Théry, ancien maire.

Dans la Grande-Rue :

L'ancienne ferme de Mlle Lefebvre appartenait en 1569 à Pierre Maillard et en 1763 aux héritiers de Pierre-Louis Lefebvre ; elle a été vendue à M. Poudroux après la mort de Mlle Madeleine Lefebvre. Des travaux y ont été exécutés pour y loger plusieurs ménages.

Disons aussi quelques mots de la maison de M. Plaisant-Corriez. Cette ferme, située près de la Grande Route, était occupée en 1779 par Barthélemi Lemaire qui maria sa fille avec Albert Plaisant; elle resta en propriété au fils d'Albert Plaisant et à Louis Plaisant, son petit-fils. M. Louis Plaisant a fait reconstruire le corps-de-logis. Maire de la commune pendant plusieurs années et connu avantageusement comme agriculteur de mérite et bon éleveur, il obtint plusieurs premiers prix et un grand nombre de médailles dans les concours régionaux, pour ses belles vaches et ses taureaux hollandais. M. Albert Plaisant, son fils, continue avec succès la culture progressive et l'élevage des bêtes à cornes.

Rues et chemins. — Les rues et la plupart des chemins qui, il y a soixante ans au plus, étaient des passages boueux avec des ornières profondes, sont maintenant en bon état et bien entretenus. Des trottoirs ont été établis sur les deux côtés de la route nationale et dans la Grande Rue qui conduit à l'église.

Les rues principales sont désignées au plan cadastral sous les noms suivants : la Grande-Rue, nommée anciennement la rue de l'Église ; la rue du Petit-Val, dite aussi de la Vieille-Chapelle ; la rue du Puits (ancienne rue du Maréchal) ; les rues de la Chapelle, du Calvaire, de Tilloy et de Neuville.

Chaumières. — Les chaumières se trouvent présentement en très petit nombre ; la caducité et les incendies en ont fait disparaître beaucoup, et on peut déjà prévoir que, dans un temps peu éloigné, il n'en restera plus. C'est à cause de cette prévision que nous donnons ici le dessin d'une de ces maisonnettes du XVIIIe siècle qui n'ont rien de remarquable, mais qui rappellent du moins la rustique simplicité de nos ancêtres. A présent on se complaît dans le luxe, on s'attache aux jouissances matérielles, et ainsi l'on se trouve entraîné dans de folles dépenses. En est-on plus heureux qu'autrefois ? Non, cent fois non, car la modestie est une vertu toujours aimable, qui éloigne de nous beaucoup d'écueils et de déboires, tandis que l'amour des frivolités sera toujours un défaut nuisible. Nos pères, habitués dès leur jeunesse aux goûts modérés et, en quelque sorte, à la vie patriarcale, étaient plus économes, plus prévoyants que leurs petits-fils. Nous avons peut-être sur eux les avantages de l'instruction, joints aux attraits superficiels d'une jolie tournure, mais nous n'avons plus la douceur ni la patience nécessaires pour assurer le calme et la bonne harmonie au sein de la famille ; en un mot, nous abandonnons peu à peu les principes religieux, qui sont un guide infaillible dans le chemin du suprême bonheur.

CINQUIÈME PARTIE

§ 1. — La Population, les Maisons et les Ménages.

Il n'est possible de connaitre, approximativement, les chiffres de la population de Beaurains antérieure au XIXe siècle, qu'en prenant pour base le nombre des maisons ou des ménages. Ce nombre, multiplié par la totalité moyenne des personnes dont chaque ménage pouvait être composé, doit former à peu près le total des habitants aux différentes époques indiquées ci-dessous :

En 1569, 34 ménages, composé chacun de 9 personnes, 306 habitants.

En 1625, 40 ménages, 360 habitants.

En 1700, 50 ménages, 450 habitants.

En 1755, 75 ménages de 7 personnes, 525 habitants.

En 1800, 136 ménages de 5 personnes, 680 habitants.

Ces chiffres ne sont pas d'une parfaite exactitude, néanmoins nous croyons qu'ils approchent assez près de la vérité.

Si l'on consulte la statistique communale et les tableaux de recensement, on arrive à constater d'une manière certaine qu'il y avait dans le village :

En 1806, 687 habitants.

En 1820, 191 ménages, 894 habitants.

En 1841, 246 ménages, 945 habitants.

En 1856, 223 maisons, 241 ménages, 923 habitants.

En 1872, 223 maisons, 259 ménages, 981 habitants.

En 1886, 234 maisons, 271 ménages, 1018 habitants.

En 1891, 1032 habitants.

Il résulte de ces derniers chiffres que, depuis le commencement de notre siècle, le nombre des ménages locataires a toujours augmenté dans de grandes proportions. En 1801, on comptait 136 ménages et 132 maisons ; il y avait donc quatre ménages sans habitation distincte ou séparée. En 1856, nous trouvons 223 maisons pour 241 ménages. En 1886, 271 ménages étaient logés dans 234 maisons ; il y avait, par conséquent, trente-sept familles ou ménages sans habitation à eux appartenante.

Dans le dénombrement fait en 1856 on compte dix ménages composés d'environ sept personnes, dix-huit ménages de six personnes, trente-six ménages de cinq personnes, cinquante-cinq ménages de quatre personnes, soixante-treize ménages de trois personnes, etc. Il n'y avait alors qu'une fille et deux veufs âgés de plus de quatre-vingts ans ; à l'époque présente on compte quatorze octogénaires qui, presque tous, sont nés dans la commune. Les nonagénaires y ont toujours été très rares et jamais aucune personne n'y a atteint l'âge de cent ans.

En examinant attentivement les registres de l'état-civil, on y trouve des renseignements qui méritent aussi d'être signalés :

Pendant les années, 1723 à 1736, il y a eu 191 naissances, 124 mariages, 146 décès.
— 1737 à 1756, 214 naissances, 42 mariages, 150 décès.
— 1757 à 1776, 370 naissances, 62 mariages, 273 décès.
— 1777 à 1792, 305 naissances, 69 mariages, 201 décès.

Depuis 1720 jusqu'à 1776, il y a une moyenne de dix-neuf ou vingt naissances par chaque année, et depuis 1777 jusqu'à 1792, dix-sept ou dix-huit naissances, aussi chaque année.

Dans les registres précités on peut également constater que depuis 1760 jusqu'en 1775 il y avait, en moyenne, cinq ou six enfants dans chaque ménage ; de 1775 à 1800, cinq ou quatre enfants ; de 1800 à 1830, quatre ou trois enfants ; de 1830 à 1880, trois ou deux enfants.

Notre intention n'est pas de rechercher les causes de cette

diminution rapide des naissances, dans la plupart des familles villageoises ; nous désirons seulement que les détails ci-dessus, puissent intéresser les hommes d'étude qui s'occupent de la statistique relative au décroissement de la population.

Ajoutons encore que les mariages stériles étaient autrefois plus rares qu'à présent ; s'il y en avait deux ou trois vers 1850, on peut en compter aujourd'hui six ou sept.

Il faut aussi remarquer que le nombre total des habitants de Beaurains n'a eu qu'une faible augmentation durant la période de 1569 à 1755, comparativement à celle de 1801 à 1886. Cette différence peut être attribuée aux salaires élevés que les ouvriers reçoivent dans ce village ; l'appât du gain y attire toujours beaucoup d'étrangers. Un autre motif d'accroissement se trouve dans les mariages fréquents avec des personnes d'une autre localité ; à peine pourrait-on rencontrer deux maisons l'une près de l'autre, où il n'y ait pas une personne originaire d'une commune voisine. Enfin, on peut encore admettre, comme motif d'immigration, les abondantes aumônes que les indigents reçoivent à des époques déterminées, — nous pourrions dire presque journellement, — de plusieurs familles charitables.

Les noms des anciennes familles du village sont aujourd'hui peu nombreux ; nous ne pourrions guère citer que ceux de Bétrémieux, Blondel, Bouche, Boulet, Chevalier, Col, Darras, Delahay, Dhée, Domart, Dubois, Flochel, Huret, Legrand, Lequette, Pecqueur, Petit, Plouvier, Poiteau, Proyart, Richard, Rogez, Ronnel, Théry, Viart, Villette. Les anciens sobriquets sont plus rares encore, parce qu'ils ne subsistent que dans deux ou trois générations, au plus ; ils passent souvent du père au fils, quelquefois au petit-fils, puis ils tombent dans l'oubli.

Pendant les années de la Révolution, il n'y eut qu'un seul divorce à Beaurains. Parmi les prénoms qui étaient alors donnés aux enfants on peut citer : Immortel, l'Union, Germinal, Auguste-Républicain, Nicolas-l'Égalité, Prairial, Jasmin, Laurier, Thermidor, Balzamine, Olympe, Décadi.

Est-il nécessaire de dire que l'embellissement des maisons devient partout l'objet de soins incessants? Tout ce qui peut améliorer la santé des personnes, ou qui tend à augmenter la salubrité, doit être encouragé ; cependant, il ne faudrait pas oublier qu'en supprimant la simplicité des anciennes constructions et des anciennes modes, on s'expose à tomber dans des excès qui annoncent souvent la vanité et l'ambition.

Nous avons fait connaître, dans un précédent paragraphe, que le nombre des chaumières diminuait chaque année : présentement on n'en compterait plus vingt. Beaucoup de toitures en paille ont été détruites par les incendies et sont remplacées par des pannes. Le plus violent de ces incendies fut celui du 9 août 1840. D'après une évaluation d'experts, les dommages qu'il causa s'élevèrent à la somme de 13,101 francs, savoir : les sœurs Augustine et Floride Bétrémieux, 1,070 francs ; Pierre-Martin Lequette, 510 francs ; Marguerite Domart, veuve de Guislain Ronnel, 1,000 francs ; Amand Bouche, 330 francs ; Pierre Malvoisin, 480 francs ; Paul-Emile Lemaire, 200 francs ; Joseph Rogez, tonnelier, 2,450 francs ; Adèle Villette, veuve Leroux, 600 francs ; Augustin Blondel, dit Cadot, pour son mobilier, 25 francs ; Hippolyte Petit, 1,100 francs ; Jean-Baptiste Petit, 700 francs ; Charles Poiteau, 1,378 francs ; Jean-Philippe Blondel, pour une grange, 568 francs. Ces pertes furent en partie couvertes par divers dons et libéralités : 1° secours du Roi, 300 francs ; 2° souscriptions faites à Beaurains, 2,052 fr. 50 centimes ; à Arras, Ronville, Saint-Sauveur et Tilloy, 1,015 fr. 65 centimes ; 3° produit d'un bal à Arras, 399 fr. 50 centimes. Total des recettes : 5,648 fr. 65 centimes.

Pour empêcher le feu de se propager, on n'avait pas alors comme aujourd'hui la ressource des pompes à incendie ; le plus souvent on se servait de deux longs crocs, à l'aide desquels on faisait tomber le toit qui brûlait, afin de l'inonder plus facilement.

Un arrêté préfectoral du 23 juillet 1860 a établi, dans la commune de Beaurains, une subdivision de compagnie de sapeurs-pompiers, dont l'effectif était de vingt-cinq hommes ; cet effectif fut élevé à quarante hommes par décision du 17 septembre 1861.

---

§ 2. — L'Agriculture, l'Industrie, le Commerce, etc.

De tous temps, les travaux agricoles ont été l'occupation favorite des villageois ; occupation saine et fortifiante, qui ne procure pas toujours la richesse, mais qui donne souvent la vigueur, qui transmet aux nouvelles générations cette sève pleine de vie que l'on ne rencontre pas ordinairement dans les populations urbaines. L'air pur de la campagne, la frugalité des repas, le sommeil paisible de la nuit et les récréations modérées viennent en aide aux constitutions les plus faibles, et amènent la longévité de l'existence pour un grand nombre de personnes. Parmi les attraits que les villages artésiens offrent aux admirateurs des beautés de la nature, nous devons citer les douces mélodies et les joyeux concerts des oiseaux ; écoutons la description qu'en a faite un vénérable prêtre à qui nous avons emprunté les lignes suivantes : « Le rossignol, placé dans les bosquets, à quelque distance de la demeure du pontife de la nature, l'invite, par ses ravissants accords, à célébrer au son de la harpe et de l'orgue les louanges du divin Rédempteur. Du haut des arbres, la grive entonne son cantique de reconnaissance. L'alouette, qui fait son nid dans les blés, aime à s'élever dans les airs, en modulant les strophes nombreuses de son chant d'amour ; on ne l'aperçoit plus qu'on l'entend encore. Non loin de là, le verdier exécute sa ballade légère. Le sansonnet redit sa joyeuse cantate. La mésange, sautillant sur les rameaux d'un arbuste, récite sa charmante complainte. Le merle, dont la voix vibrante est empreinte d'une tendre mélancolie, répète continuellement la même phrase musicale et nous plonge, par son ton légèrement attristé, dans une douce rêverie. Un pinson, perché sur quelque pommier, nous divertit par la répétition de ses gais refrains. Le loriot, qui se fait entendre déjà vers la fin du printemps, comme pour clore cette série de chants, dont les transports et la vigueur expriment la surabondance de la vie, annonce, par l'accent de satisfaction de son ton mâle et plein, l'abondance qu'apporte l'été. Durant la tranquille saison de la maturité, on n'entend plus que les gazouillements des hirondelles, autres symboles du calme qui règne à cette époque. L'hiver, malgré ses frimas, possède encore son musicien aîlé : le Seigneur n'a pas voulu que le villageois, retiré en sa demeure, restât privé des agréments du chant, c'est pourquoi le rouge-gorge siffle sans cesse sa petite romance sous les fenêtres du laboureur ennuyé, en même temps qu'il glorifie la Providence de Dieu qui nourrit l'oiseau des champs... Quoi de plus propre à faire naître une douce gaîté dans nos cœurs, que les refrains de la fauvette et du pinson ? Quoi de plus semblable à la psalmodie sacrée, que les récitatifs de l'alouette et du rouge-gorge, et de plus ressemblant à une prière faite à demi-voix, que les continuelles mélodies de l'hirondelle (1) ? »

Un autre avantage que l'on ne rencontre pas dans les villes, c'est la nourriture à bon marché. Les familles campagnardes ont, presque toujours, un jardin qui leur procure des légumes, quelquefois même des fruits ; le lait, le beurre, les œufs et le lard font assez souvent partie de leurs repas. Ajoutons à ces denrées la bière et le café, avec un petit verre d'eau-de-vie ou de genièvre, et nous trouverons que ces aliments peu coûteux soutiennent suffisamment les forces et la santé des ouvriers occupés aux plus rudes travaux.

D'après cet exposé, je comprends que telle ou telle personne, éloignée forcément de ses pénates, soit atteinte de la nostalgie du pays, mais je ne peux expliquer comment telle autre personne se décide à abandonner le séjour de la campagne pour celui des villes, sans y être forcément obligée par des motifs indépendants de sa volonté.

Afin de donner une idée du prix ancien des bestiaux et des divers objets mobiliers d'une ferme, nous avons relevé les chiffres suivants dans un compte qui porte la date du 18 février 1644.

(1) *Histoire d'une chrétienté*, par M. l'abbé Le Roy, pages 530 à 533.

« Compte rendu à Anne Le Vasseur, veuve d'Adrien de Bertoul, seigneur de Beaurains, mère et tutrice légitime de Louis de Bertoul, légataire universel de noble homme Robert de Bertoul, prêtre, seigneur de Fiefs, suivant son testament du 26 décembre 1636 (1).

Trois porcqs de demy an	17 livres	11 sols	»
Une vache noire à blan nez . . .	32 —	5 —	»
Une aultre vache de poil brun à blan nez	31 —	5 —	»
Aultre vache noire à blan dos. . .	39 —	» —	»
Ung bouvart d'un an.	16 —	16 —	»
Ung veau tavelé	13 —	12 —	»
Ung aultre veau	8 —	5 —	»
Six moutons	47 —	10 —	»
Une rasière d'avoine.	» —	55 —	»
Quatre rasières de blé	16 —	» —	»
Ung gril et des estenailles à deux faces	» —	9 —	»
Ung seillon à cercles de fer . . .	» —	16 —	»
Une cramillie et une paielle de fer .	» —	23 —	»
Ung moien chaudron.	» —	20 —	»
Ung chaudron de brasseur. . . .	4 —	» —	»
Une paire de linceulx de grosse toille.	» —	40 —	»
Ung pot de cuivre.	» —	50 —	»
Une demie douzaine d'assiettes d'étain.	» —	45 —	»
Trois plats d'estain	» —	51 —	»
Six louches d'estain	» —	12 —	»
Une nappe de Venise.	» —	42 —	»
Une douzaine de serviettes de Venise.	5 —	5 —	»
Six culières d'argent.	20 —	3 —	4 d.
Une marmite de fer	» —	55 —	»
Soixante-dix brebis avec leurs agneaux	490 —	» —	»
Ung vieux cheval hongre	51 —	» —	»

(1) Archives du Pas-de-Calais, B. 718.

Le deuxième vieux cheval. . . .	90 livres	» sols	»
Et le troisième cheval d'aage de quattre ans	108 —	» —	»
Deux surquettes à prendre souris .	» —	2 —	6 d.
Une paire de balanches de fer blanc.	» —	8 —	»
Ung salloir avecq le couvert . . .	» —	10 —	»
Une cuvelle.	» —	7 —	»
Ung metz à faire le pain.	» —	31 —	»
Ung binot	» —	25 —	»
Ung herche.	» —	21 —	»
Une carue	» —	45 —	»
Une vieille charette	» —	51 —	»
Ung cent de fœur d'avoine. . . .	» —	40 sols	»

Quand on étudie les mœurs anciennes pour les comparer avec la civilisation actuelle, il faut reconnaître que le prix de vertu revient à notre siècle. Il est vrai que les croyances religieuses et le respect mutuel s'affaiblissent de plus en plus dans beaucoup de familles ; il est non moins vrai que la criminalité est grande à l'époque présente, mais nous pouvons affirmer que les forfaits étaient plus nombreux encore dans les siècles passés. Pour s'en convaincre, il suffit de consulter les registres aux sentences du Conseil provincial d'Artois ; dans un seul de ces registres, pris au hazard, on trouve qu'en l'année 1688 sept condamnations ont été prononcées pour meurtres, assassinats et infanticides commis dans cette province. Fort heureusement, on n'a jamais eu l'occasion d'imputer un seul de ces crimes énormes à des habitants de Beaurains ; toutefois, la conduite de ces habitants n'a pas toujours été irréprochable, par rapport aux querelles suivies de voies de fait et de blessures. Nous citerons, à ce sujet, une affaire qui est relatée dans un jugement de la Gouvernance d'Arras du 12 octobre 1709.

« Veu les plaintes respectueuses faites le 20 juillet 1709, tant par Jacques François et Louis Laguillier, frères, enfants de feu Guislain et de Suzanne Derom, demeurans à Beaurains, que par Louis et Pierre George Lefebvre, du mesme lieu, touchant le débat et conflit arrivé entre eux au terroir dudit Beaurains ledit jour 20 de juillet ; l'ordonnance du mesme jour portant permission d'informer des faits mentionnés ès dites plaintes, circonstances et dépendances ; l'information faite en conséquence le 24 dudit mois et jours suivans ; les rapports des chirurgiens, du mesme jour 24, contenant l'estat et qualité des blessures desdits plaignans....; conclusions du procureur du Roy, les lieutenant général et autres hommes de fief de cette gouvernance, jugeans à la conjure de M. le grand-baillif, ont dit et déclaré, disent et déclarent lesdits Pierre Louis et Pierre George Lefebvre ; Jacques François Louis et Jean Charles Laguillier, convaincus de s'estre querellé, battu et maltraité à coups de baston, maillet de charrue et crochet servant à tirer fumier, auquel débat lesdits Jacques François et Louis Laguillier et Pierre George Lefebvre furent blessez à la teste à playe ouverte et sang coulant, et iceluy Jacques François Laguillier mordu des chiens qu'avoient avecq eux lesdits Lefebvre, tant à la jambe qu'à la cuisse, ledit jour 20 de juillet dernier, sur la campaigne au terroir dudit Beaurains, entre huit et neuf heures du matin, au sujet de la difficulté qu'il y a entre eux, touchant les limittes et séparations de leurs champs voisins et contigus l'un de l'autre ; et pour réparation les condamne en une amende de dix francs chacun, avec deffence de rescidiver et se médire, à peine de punition exemplaire, et aux frais et mises de justice ensuivis chacun à leur égard ; sauf aux parties à faire régler les limites et séparations de leurs champs, par arpenteur qu'elles nommeront d'office, ou qui sera nommé d'office pardevant commis de ce siège » (1).

Quelques années plus tard, le Conseil d'Artois eut à régler des contestations qui étaient survenues entre les fermiers et les moissonneurs de Beaurains, en matière de salaires ; nous donnons ci-après la reproduction textuelle et entière du jugement, parce qu'il contient des détails intéressants sur les anciens usages locaux et la rétribution des travaux agricoles.

« Du 5 août 1722. — Veu le procès verbal tenu pardevant conseiller commissaire de la cour le 24 juillet dernier, en exécution de l'ordonnance du quatre dudit mois, entre Jean Darras,

(1) Archives du Pas-de-Calais, registre B. 849, folio 133.

Claude Belier, Dominique Blondel, Louis Lequette, Jacques Théry, Jean Antoine Duvalle, Jean-Baptiste Vermet, Jean-Paul Richard, Jacques François Bétrémieux, Jean Pierre Darras, Philippe Théry, Melchior Plouvier, Dominique Boulet, Pierre Roussel, Jacques Fournier, Ignace Bourgeois, Ignace François Legrand, Adrien Burburc, Jean-François Blondel, tous moissonneurs et habitans de Beaurains les Arras, demandeurs aux fins de leur requête du dit jour 14 juillet, d'une part; Adrien Mallard, lieutenant de Beaurains, Pierre Truffier, Joseph Mallard, Pierre Louis Lefebvre et Jacques François Laguilliez, censiers demeurans audit Beaurains, défendeurs d'autre part, et les écritures des parties ; tout considéré, la cour, sans s'arrêter aux prétendues conventions particulières faites entre les habitans de Beaurains, au sujet de la présente récolte, a ordonné et ordonne qu'il sera payé pour celle de cette année et à l'avenir, aux moissonneurs du dit lieu, la onzième jarbe pour piquer, faucher, ramasser, lier, mettre en dizeau ou chaisne les grains de saison, scavoir, bled, seigle, scorion et hivernache, soit que cette dernière espèce ait été semée sur des terres à jachères ou qui ont porté des grains de saisons ; et dix-sept sols à la mesure pour toute rétribution pour faucher, piquer, ramasser, lier et mettre en chaisnes, les avoisnes, veches, pois, bisailles, warats et autres grains de mars ; défense aux moissonneurs d'exiger plus grand salaire. Moyennant ce, ils seront tenus de déraciner les carottes des dits fermiers, et de charger et espardre le fumier, en donnant par lesdits fermiers aux moissonneurs deux repas par jour, lorsqu'ils seront employés audit fumier ; et quant aux sainsfoins et tramines, lesdits moissonneurs auront aussi dix sols à la mesure pour les faucher, moissonner et retourner et les resserrer ; et pour relever les fossés et faire autre travail pour les fermiers, il leur sera payé huit sols par jour, soit en hiver ou été ; et les liens se feront par lesdits moissonneurs dans la cour des fermiers, sans par lesdits moissonneurs profiter des pailles qui tombent. Ordonne pareillement auxdits moissonneurs de battre les grains de semences à la première réquisition des fermiers, à la rétribution du vingtième pour les bleds, seigles et scorions, ce que seront aussi tenus de faire, sur le même pied, ceux qui s'engageront de battre les grains desdits fermiers selon leur besoin et désir, jusqu'au mois de juin de la récolte suivante, lesquels seront aussi salariés pour une rasière d'avoine d'un sol six deniers. Lesdits fermiers seront obligés de faire les labours desdits moissonneurs et batteurs, sur le pied de douze livres à la mesure de terre à grains de saisons ; de six livres à la mesure pour les terres à mars, moyennant quoy ils seront aussy tenus de ramener leur dépouille et de charier sur leur terre le fumier nécessaire ; ramèneront pareillement les fermiers auxdits moissonneurs les jarbes provenans de leurs salaires, pour les grains de saison, immédiatement après avoir charié la dépouille à eux revenant de chaque champ ; fait défenses auxdits moissonneurs de tourner et choisir les dizeaux qui leur reviennent pour rétribution de leur travail, et seront tenus de prendre le onzième, en commençant par eux à compter par un des bouts du champ qu'ils trouveront bon. Fait pareillement inhibition et défenses auxdits fermiers et autres habitans dudit Beaurains, de mettre leurs troupeaux, vaches ou autres bestiaux dans les champs, sinon trois jours après que les grains auront été enlevés ; et auxdits moissonneurs et autres, d'aller à l'étœuille avant le 15 septembre de chacune année, ou aultre temps convenable qui sera réglé par les officiers du lieu, suivant les circonstances, le tout à peine de soixante sols parisis d'amende qui demeurera encourue à la première contravention, sur un simple procès-verbal que les gens de loix seront obligés de tenir à la première réquisition qui leur en sera faite. Au surplus, lesdits fermiers auront la liberté de prendre et louer des moissonneurs et batteurs audit Beaurains, ou dans les villages voisins, ou partout ailleurs où bon leur semblera, comme aussy les dits moissonneurs et batteurs d'accepter ou refuser de faire la moisson et battre pour lesdits fermiers, et d'aller travailler où ils voudront ; fait défenses aux dits moissonneurs et batteurs dudit Beaurains et à tous autres, de molester, inquiéter, faire aucunes menaces, et d'user de violence à l'égard desdits fermiers et des moissonneurs et batteurs étrangers qui auront été loués, à peine d'être punis sévèrement comme monopoleur et perturbateur du repos public ; ordonne néantmoins auxdits moissonneurs et batteurs d'achever la présente moisson et celle à l'avenir, comme aussy de battre en grange lorsqu'ils se seront engagés à le faire, ou quand ils auront commencé à espardre le fumier, ou à battre, comme autrement, à peine de tous dépens, dommages et intérêts. Et sur les autres demandes et prétentions des parties ou de cour dépens compensés, sauf le rapport et expédition qui demeurera à la charge des fermiers ; et la signification qui sera faite au domicile du procureur Leroux, au nom desdits fermiers, du présent jugement, validera comme si elle étoit faite à personne au domicile desdits fermiers, en restituant néantmoins par eux l'importance, cout et expédition du jugement au préalable, ce qu'ils seront tenus de faire en dedans trois jours de la signification au domicile dudit Leroux, ce qui sera exécuté par provision nonobstant opposition ou appellation quelconque » (1).

Les fermages devaient être payés en argent ou en nature, suivant les conditions des baux. On peut trouver beaucoup de renseignements sur ce sujet dans les rôles d'imposition de l'année 1757 ; ceux qui suivent sont extraits du registre des vingtièmes de la commune de Beaurains.

« M. du Carieul de Fiefs, propriétaire de la seigneurie dudit lieu ; consistant en censives, rentes foncières et droits seigneuriaux estimés 40 livres ; une maison et dépendances, avec quatre mesures de manoir et cent quatre-vingt-une mencaudées de terre affermées à Joseph Mallart quatre-vingt-treize rasières de bled, évaluées 465 livres.

« La maladrerie de Beaurains et l'hôpital Saint-Jean-en-Lestrée d'Arras, pour les terres affermées à Joseph Mallart quatre-vingt-treize rasières de blé évaluées 465 livres.

« M. Boucquel, propriétaire de quatre mencaudées de manoir et deux cent quatre-vingt mesures de terre affermées à Joseph Carton, au rendage de cent trente rasières de bled, vingt rasières de scorion et 380 livres en argent, le tout évalué 1090 livres ; censives et droits seigneuriaux estimés 11 livres, total 1101 livres.

« M. de Hauteclocque de Wail, propriétaire de soixante-quatre mesures de terre et un droit de terrage, affermés à Jacques-François Laguilliez, 300 livres.

(1) Archives du Pas-de-Calais, B. 330, folio 612 verso.

BEAURAINS (Pas-de-Calais)

Pl. 6.

1. Chaumière du XVIIIe siècle

2. Maison de Mme Blondel-Paradis	6. Maison de Mme Thiébault.
3. ——— M. Duflos	7. ——— M^le Plaisant.
4. ——— M. Paradis	8. ——— M. Cuvelier.
5. ——— M. Pagniez	9. ——— M^le Thiébault (Ancienne Maison des Watines.).

« Jacques François Laguilliez, propriétaire de sept boitelées de manoir amazé, une brasserie et vingt sept mesures de terre, estimés 319 livres.

« Le Chapitre de l'église cathédrale d'Arras, pour un droit de dixme et de champart affermé à Pierre Louis Lefebvre 1800 livres ; censives estimées 160 livres ; trois canons d'onze livres, un boisseau de bled et 2 livres 10 sous en argent, le tout évalué 57 livres ; au total 2019 livres 5 sols.

« L'abbaye de Mont Saint Eloy possède un petit fief estimé 17 livres 13 sols.

« Les administrateurs des pauvres filles d'Arras, pour une mesure de manoir enclos affermé à Dominique Boulet.

« Le sieur Rouget et consorts, propriétaires d'un petit fief estimé 12 livres 13 sols.

« Le couvent des Dominicains d'Arras, pour trente deux mesures de terre affermées à Antoine Ignace Pecqueur quarante rasières de bled évaluées 200 livres.

« Le sieur Lefebvre, pour un moulin à bled estimé, le quart déduit, 150 livres. — Incendié en 1758, reconstruit en 1779.

« Le sieur Antoine Blondel, propriétaire d'un moulin à tordre huile estimé, le quart déduit, 105 livres » (1).

Outre l'impôt foncier et mobilier qui était établi selon les ordonnances des Etats d'Artois, les cultivateurs et les ménagers devaient aussi payer les dîmes, rentes ou autres droits dont chaque champ ou chaque manoir était grevé. Parmi les dîmes établies en Artois, nous trouvons celle de « cochons, poulets et volailles » dans les villages dépendant de la cure d'Azincourt ; la dîme de tabac, à raison de « huit du cent, » sur le terroir de Rœux ; la dîme « du sang et de laine, » perçue dans la paroisse de Lisbourg par l'abbaye de Sainte-Marie-au-Bois dite de Ruisseauville ; la dîme de colza, à Brebières ; celle du tabac à Saint-Pol, etc. Au territoire de Beaurains, le Chapitre de la Cathédrale d'Arras possédait un droit de dîme sur mille quatre-vingt-trois mesures

(1) Archives du Pas-de-Calais, fonds des Etats d'Artois.

de terre labourable, à raison de huit du cent ; ce droit était loué à Louis-François Lefebvre pour la somme de 1200 livres. Les religieux de Saint-Vaast d'Arras jouissaient aussi du droit de dîme sur soixante-trois mesures de terre, à huit du cent, affermé annuellement au prix de 35 livres. Le Chapitre d'Arras et les religieux de l'Abbaye de Saint-Vaast possédaient ensemble une dîme de huit du cent, sur quatre-vingt-deux mesures de terre. Le « droit canon » appartenait aux chanoines d'Arras, dans la proportion de dix rasières de blé sur cinquante-sept mesures de terre à labour. Le locataire de la ferme et des terres de M. du Cauroy devait remettre, chaque année, huit boisseaux de blé au Chapitre d'Arras et au curé de Beaurains (1).

En 1763, le territoire de cette commune était divisé en huit cantons. Le premier canton s'étendait depuis les manoirs du village jusqu'au chemin de Saint-Quentin, vers le « rideau du terroir des Alouettes » et jusqu'au chemin d'Arras à Bapaume. Le deuxième canton, depuis le chemin de Saint-Quentin jusqu'au chemin de Neuville ; le troisième, depuis le chemin de Neuville jusqu'au chemin d'Arras ; le quatrième, depuis le chemin d'Arras jusqu'au chemin de Mercatel ; le cinquième, depuis le chemin de Mercatel jusqu'au chemin de Boisleux ; le sixième, depuis le chemin de Boisleux jusqu'au terroir d'Agny,; le septième, depuis le terroir d'Agny jusqu'au chemin d'Achicourt ; le huitième et dernier canton, depuis le terroir d'Achicourt jusqu'au chemin d'Arras. M. de Fief était alors seigneur du clocher de la paroisse ; M. de Hauteclocque possédait une seigneurie nommée le fief de Berles, et Louis-François Lefebvre avait la propriété d'un moulin non banal à usage de moudre blé. Un autre moulin à farine avait été construit en 1760 sur six boitelées de terre appartenant à M. de Hauteclocque, mais il fut démonté et transporté au village de Carvin en 1762 (2).

Le rôle des centièmes de l'année 1779 contient, comme celui des vingtièmes, des désignations de propriétés que nous devons

(1) Archives du Pas-de-Calais, C. 143, 163, 164, 330.
(2) Archives du Pas-de-Calais, fonds des Etats d'Artois.

citer : « M. de La Bazecque, pour son marché contenant au total soixante-deux mesures de terre, cotisé pour un plein centième à la somme de 14 livres 4 sols 2 deniers ; Mme Donjon, d'Arras, pour son marché contenant vingt-sept mesures et demie boitelée de terre à labour ; le sieur Merlaude, pour son marché de dix-sept mesures et demie de terre ; les dames religieuses de la Paix d'Arras, pour leur marché de trente-cinq mesures ; M. de Hauteclocque, pour un droit de terrage et soixante-cinq mesures de terre ; l'hôpital Saint-Jean d'Arras, propriétaire de dix-sept mesures de terre labourable ; les confrères de la maladrerie du Petit-Val, propriétaires de soixante-quatorze mesures de terre ; les doyen et chanoines de l'église Cathédrale de Notre-Dame d'Arras, propriétaires d'un droit de dîme sur seize cents mesures de terre labourable, à huit du cent ; l'église et la cure de Beaurains, onze mesures ou environ ; Louis-François Lefebvre, une ferme, dix-huit mesures de terre et la moitié d'un moulin à vent à moudre blé, l'autre moitié appartenant à François Tabary ; Joseph Carton, quatre mesures et demie de terre ; Rosalie Carton, une maison et dix-huit mesures de terre ; Barthélemi Lemaire, une maison et cinq mesures de terre ; Augustin Blondel et ses frères, une maison et un moulin à l'huile construit sur une boitelée de terre ; Hilaire Blondel, une maison et quatre mesures de terre ; Antoine-Ignace Blondel, cinq mesures de terre et deux boitelées de manoir amazé, tenant au chemin d'Achicourt et à Antoine-Dominique Villette ; Jean-Joseph Darras, une boitelée de manoir et deux mesures de terre (1) ; Jean Blondel, deux boitelées de manoir et une mesure de terre ; Noël Flochel, une mesure et quatorze verges de manoir tenant à la rue de Neuville, et deux mesures de terre ; François Tabary, deux boitelées de manoir et la moitié d'un moulin à moudre blé ; Bruno Wartel, une boitelée de manoir tenant à la rue du Calvaire, et quatre mesures de terre » (2).

(1) En l'année 1785 ledit Jean-Joseph Darras, était propriétaire d'un moulin à l'huile.

(2) Archives du Pas de-Calais, fonds des Etats d'Artois.

En 1789 le territoire de Beaurains comprenait quarante-six mesures quarante-huit verges de manoirs et enclos, et douze cent quatre-vingt-quinze mesures de terre labourable (1).

Nous donnons ci-après l'état de comparaison des années 1789 et 1801 (2).

En 1789 :	En 1801 :
L'étendue du territoire est de 1378 mesures 86 verges, avec le village et les chemins.	
Six laboureurs............................	Dix laboureurs.
Prix du bail d'une mesure de terre, 15 fr. 10 fr. 5 fr.	
Prix d'une mesure de terre, 800 fr. 1re qualité	1,000 francs.
— 500 fr. 2e —	600 fr.
— 200 fr. 3e —	400 fr.
60 chevaux	68 chevaux.
Prix d'un cheval, 150 fr..................	230 fr.
4 ânes....................................	30 ânes.
65 vaches.................................	69 vaches.
Prix d'une vache, 72 fr...................	80 fr.
350 moutons...............................	400 moutons.
Prix d'un mouton, 19 fr. 15 s.............	22 fr.
80 porcs..................................	90 porcs.
Une livre de porc, 6 sous.................	7 sous.
Un demi-pot de bière, 3 sous..............	3 sous.
Prix du beurre, 13 sous...................	14 sous.
Prix de la journée, 12 sous...............	15 sous (3).
2 moulins à blé	2 moulins à blé (4).
8 moulins à l'huile.......................	20 moulins à l'huile.

(1) Archives du Pas-de-Calais, fonds des Etats d'Artois.

(2) Archives du Pas-de-Calais, série M.

(3) Quand on nourrissait les ouvriers ils recevaient moitié moins d'argent.

(4) Un de ces moulins appartenait, en 1876, à Mme Beaurain-Roussel ; il a été détruit par l'ouragan du 12 mars de cette même année.

En 1789 :	En 1801 :
Une brasserie	Une brasserie.
4 cabaretiers	7 cabaretiers.
1 charpentier	2 charpentiers.
1 couvreur en paille	1 couvreur.
1 maçon	1 maçon.
1 maréchal-ferrant	2 maréchaux.
1 menuisier	1 menuisier.
2 tailleurs	1 tailleur.
1 maître tonnelier, 2 ouvriers, 1 apprenti	3 tonneliers, 9 ouvriers, 3 apprentis.
1 tourneur	»
2 militaires	27 militaires.

Comme ressource agricole pour les familles pauvres, il faut mentionner le glanage pendant la moisson, « La grange du Seigneur est ouverte », tel est le dicton populaire qu'on répète souvent en parlant de l'époque du glanage ; les pauvres en profitent pour ramasser les épis qui échappent aux mains des moissonneurs. Le glanage a été règlementé par un arrêté du 9 août 1845 ainsi conçu :

« Nous, Maire de la commune de Beaurains, canton d'Arras-Sud ;

« Vu la loi du 6 octobre 1791 et l'article 471 numéro 70 du code pénal ;

« Prenant en considération la demande qui nous est faite par les cultivateurs et les glaneurs de cette commune, laquelle a pour objet de faciliter autant que de réglementer l'exercice du glanage,

« Arrêtons :

« Article 1er. — Le glanage ne s'effectuera que pendant une demi-journée par jour ; à savoir : chaque après-midi, deux heures jusqu'au coucher du soleil.

« Article 2. — Lorsque les cultivateurs auront permis de glaner avant l'enlèvement complet de leurs récoltes, cette opération aura lieu sous la surveillance de l'un des gardes-champêtres, qui les accompagnera de champ en champ, au fur et à mesure qu'il y sera autorisé.

« Article 3. — Les infractions au présent arrêté seront constatées par des procès-verbaux et déférées aux tribunaux compétents.

L. THIÉBAULT, maire.

« Approuvé. — Arras, le 17 août 1854.

« Le Préfet, comte V. DU HAMEL » (1).

Autrefois, les pauvres pouvaient profiter du ratelage pour nourrir leurs chèvres en hiver, ou pour faire une petite provision de chaume. Depuis que ce droit est supprimé, on laboure les éteules avant que la récolte soit enlevée.

En agriculture comme en beaucoup d'autres choses, il est parfois utile d'avoir recours aux vieux proverbes, parce qu'ils ont presque tous été dictés par deux excellentes conseillères : la sagesse et l'expérience, que l'on devrait toujours consulter ; c'est pourquoi nous allons en citer quelques uns :

Du dimanche au matin la pluie
Bien souvent la semaine ennuie.

Soleil qui luisarne le matin,
Femme qui parle latin
Et enfant nourri de vin,
Ne viennent jamais à bonne fin.

L'arc en ciel du soir
Fait beau temps paroir.

En janvier la pauvresse
Pleure au foyer sans feu,
Donnons avec largesse,
C'est prêter au bon Dieu.

(1) Archives du Pas-de-Calais, série M.

En février s'il tonne
C'est la marque d'un bel automne.

Mars gris, avril pluvieux et mai venteux
Font l'an fertile et plantureux.

Beau temps en juin,
Abondance de grain.

Du jour saint Médard
Le laboureur se donne soin,
Car les anciens disent s'il pleut
Trente jours durer il peut ;
Et s'il faut beau sois tout certain
D'avoir abondance de grain.

Saint Pierre et saint Paul pluvieux
Pour trente jours sont dangereux.

Au mois de juillet
Faucille au poignet.

Aux mois d'août et de juillet
Bouche noire et gosier sec.

A la saint Denys
Bécasses au pays.

A la Toussaint, les blés semés
Et tous les fruits rentrés.

Passé la saint Clément
Ne sème plus de froment.

Entre la Toussaint et Noël
Ne peut trop pleuvoir ni venter.

D'après les tableaux statistiques de 1806, les principaux contribuables de Beaurains étaient, en cette même année, Mme Thiébault, M. Maupin, Amand Carton, Louis Carton, Jean Blondel, François-Eugène Lefebvre, Louis-Joseph Blondel, Bruno Wartel, Jacques Petit, Louis-Philippe Darras et Pierre-François Lequette. Il y avait alors trente-deux fabricants d'huile.

Actuellement les principaux fermiers ou cultivateurs sont : MM. Ludovic Thiébault, Albert Plaisant, Victor Parenty, Albert Wartel, Emile Huret, Jean-Baptiste Delaleu, Clotaire Blondel, Damase Lefrère, etc.

L'emploi des nouveaux instruments aratoires a diminué beaucoup la main-d'œuvre, mais la culture des betteraves, qui remplace depuis une trentaine d'années celle du colza et des œillettes, occupe chaque année un grand nombre d'ouvriers.

A présent, beaucoup de cultivateurs font monter des machines à battre les grains ; ces batteuses ont été installées chez MM. Ludovic Thiébault, Victor Parenty, Albert Wartel, Albert Plaisant, Damase Lefrère, François Villette, Louis Héroguelle, Alfred Distinguin, Arthur Thellier, Clotaire Blondel, Victor Houliez, Emile Huret, Joseph Delalin, Jean-Baptiste Delaleu et Fidéline Boulet, veuve d'Amand Lemaire.

Vers l'année 1770, deux frères nommés Jean et Félix Pecqueur, établirent à grands frais une fabrique de tuiles et de carreaux en terre rouge dans le village de Beaurains. Peu de temps après, ils y ajoutèrent un four à pannes. Quelques bons ouvriers qu'ils avaient fait venir des environs de Péronne, les aidèrent à perfectionner leurs travaux ; mais, malgré l'encouragement qu'ils reçurent des Etats d'Artois en 1774, ils durent les abandonner, faute de ressources nécessaires pour compléter leur établissement (1).

Dans les réponses faites au questionnaire de 1810, on trouve que « l'industrie des habitants de Beaurains était de faire des briques ; qu'une partie de ces habitants se portait sur les communes limitrophes et lointaines pour ce travail, mais que cette industrie a disparu vers 1780 pour faire place aux moulins à l'huile. »

Un autre questionnaire relatif à l'industrie et au commerce, mentionne, pour l'année 1851, une briqueterie, une brasserie, treize fabricants d'huile, quatre tonneliers, deux charrons, un maréchal-ferrant, un bourrelier, un cordonnier, deux épiciers, un boulanger et cent dix-huit dentellières.

Enfin, un troisième questionnaire, rédigé en 1882, contient les renseignements suivants : la superficie du territoire est de cinq cent quatre-vingt-treize hectares trente-un ares quarante-huit centiares ; il y a environ 100 chevaux, 100 vaches, 300 brebis et moutons, 30 porcs, 36 chèvres, 900 poules, 1500 pigeons.

(1) Archives dn Pas-de-Calais, série C, Fonds des États provinciaux d'Artois.

Salaire moyen d'un journalier agricole, 2 francs ; d'une femme, 1 fr. 25 ; d'un enfant, 50 centimes ; d'un maître valet, 500 francs ; d'un laboureur, 300 francs ; d'une servante, 250 francs. Six machines à battre (1).

Nous venons de voir qu'en 1851 il y avait à Beaurains cent dix-huit dentellières ; présentement combien en trouvons-nous ? sept ou huit, peut-être dix au plus. On peut donc dire :

Quelle diminution
Et quelle réduction,
Dans le nombre des dentellières
Comme dans celui des chaumières !

Hélas ! ce n'est pas sans regrets que nous faisons cette remarque et ce rapprochemeut, car, des deux côtés si l'on trouvait les apparences d'une situation peu aisée, on y rencontrait souvent la vie calme, l'honneur et le bonheur sous le même toit. Et si l'on nous demande comment on pouvait parvenir à posséder ces biens si précieux, nous répondrons :

Pour connaître ce triple secret
Il faut savoir vivre bien pauvret.

Aux jours prospères de l'industrie de la dentelle, il y avait des écoles où les jeunes filles apprenaient à faire du *passement* au coussin et au fuseau. Quand l'époque des veillées était arrivée, les dentellières se réunissaient à trois ou quatre, pour travailler autour d'une table ronde, sur laquelle était placée une bougie ou une veilleuse qu'on entourait de grosses bouteilles pleines d'eau claire ; ces bouteilles servaient à amener un rayon lumineux sur chaque carreau ou coussin à dentelle. Les jeunes hommes à marier allaient souvent à ces réunions appelées *filleries*, et y racontaient des histoires de revenants, de loups-garous et de vieilles sorcières, afin d'égayer les longues soirées d'hiver.

En 1883, l'Académie d'Arras ayant ouvert un concours entre

(1) Archives du Pas-de-Calais, série M,

les dentellières artésiennes, les ouvrières de cette ville et des environs rivalisèrent de finesse et de goût, et répondirent à l'appel qui leur était fait en envoyant cent deux pièces ou échantillons de dentelles. Parmi les quatre-vingt-quatre ouvrières qui ont présenté ces échantillons, nous devons citer Florine Fourmaux, dentellière à Beaurains, comme ayant obtenu la prime d'honneur de 50 francs, et Anastasie Defontaine pour une prime de 30 francs (1).

Dans le dénombrement qui a été fait en 1891, les diverses professions des habitants sont indiquées de la manière suivante :

Ardoiseurs (un patron et trois ouvriers)	4
Batteurs d'huile	61
Bergers	3
Bonnetiers	7
Boucher	1
Bourreliers	2
Brasseur (propriétaire de la brasserie) fournissant vins et liqueurs	1
Brasseurs ou domestiques faisant de la bière	4
Cabaretiers	25
Cerclier	1
Charpentier	1
Charrons	3
Compositeurs-typographes	3
Cordier	1
Cordonniers	3
Couvreurs	2
Cultivateurs	21
Débitants de tabac	2
Domestiques et servantes	23
Employés de bureaux	6
Epureur de grains	1

(1) Mémoires de l'Académie d'Arras, 2e série, tome XV ; *Rapport sur le concours de dentelles et Histoire de la dentelle d'Arras*, par M. Ad. de Cardevacque.

Fabricant de chicorée	1
Fabricants d'huile	6
Ferblantier	1
Jardiniers	3
Journaliers	56
Maçons (deux patrons et deux aides)	4
Marchands ambulants (épiceries, huile, etc.)	3
Marchand de farines, rouenneries, etc.	1
Marchand de fromages	1
Marchands de tourteaux	2
Maréchaux ou forgerons	2
Mécaniciens-ouvriers	3
Menuisiers	3
Meunier	1
Peintre en bâtiments	1
Plafonneur	1
Portefaix	1
Receveur-buraliste	1
Rentiers	8
Retraités	3
Serruriers poëliers	3
Tisserand en crins	1
Tonneliers (cinq maîtres et dix ouvriers)	15
Valets de charrues	10
Blanchisseuses	4
Bonnetières	6
Couturières	6
Dentellières	8
Epicières	4
Mercières	2
Piqueuses de vêtements	7
Repasseuses	5

On vient de voir que la plus nombreuse catégorie des ouvriers est celle des batteurs d'huile (1). Une courte conversation entre

(1) Les ouvriers des moulins à l'huile sont appelés *ollieux*, en patois, parce qu'on dit encore à présent *olle* pour huile.

deux ouvriers de moulins à vent suffira pour faire connaître le patois de Beaurains. François rencontre un de ses amis et lui dit :

« Eh ben, ch'cousin, l'as-tu intendu ch'vint qu'il a fait l'nuit « passée ; si t'avaus vu min meulin, il allaut cor à tout casser « avec deux alcuiches et deux grands bouts. J'ai été obligé « d'déchenne au grand galop épi d'ertirer delle toile, pour mette « enne mi-volée dévêtue. Mais, su l'minuit, ch'vint a fait in « demi tour ; alors il a foulu tout d'suite courir à l'queue pour « pousser du côté d'bise. Min cher ami, tandis qu'jermettaus « ez'écaches à plache, l'pleuve est arrivée, alle queyaut sur min « dos comme si in l'avaut versée. Malgré tout ch'méchant temps « qu'nous avons d'puis huit jours, in a cor r'chu enne s'mongne « passable, car j'ai fait à peu près vingt tonniaux d'olle. M'fème « a été bien surprie dé m'vir rapporter tant d'ergint ; a m'dijaut, « in riant : i fauraut qu'cha iraut toudi dé ch'train là, au moins « in poraut amasser quéques sous pour ses vius jours ».

Il faut avouer que ce langage est peu compréhensible pour un grand nombre de personnes, surtout pour celles qui n'ont jamais entendu les termes employés par les batteurs d'huiles, quand ils parlent de leur travail.

Le dessin ci-joint représente un moulin à vent qui a conservé son toit ancien, datant de l'année 1790 (1). La guirlande dont il est orné était en usage pour les jours de fête, tels que celui du 23 novembre consacré à honorer saint Clément, patron des fabricants d'huile, ou quand il y avait un mariage chez le propriétaire du moulin enguirlandé. S'il arrivait un décès dans la famille, on donnait aux volants une inclinaison oblique.

Il y a quarante ans ou environ, deux hommes étaient occupés dans chaque moulin à vent. Ils y avaient un lit pour prendre quelques heures de repos après douze heures de travail. A la fête de saint Clément, ils décoraient d'une guirlande de verdure les aîles de leur moulin, et allaient présenter leurs souhaits au

(1) Ce millésime est marqué au centre du moulin. Voyez le numéro 27 du du plan de 1892.

BEAÜRAINS (Pas-de-Calais)

Pl. 7

Moulin construit en 1790.

fabricant d'huile ; alors, ces deux batteurs d'huile recevaient ordinairement trois francs, pour se divertir jusqu'à l'heure du couvre-feu.

L'extension que le commerce d'huile avait pris à Beaurains, pendant les dernières années de la Révolution, nécessita l'établissement de deux mesureurs de graines grasses et d'un jaugeur de tonneaux. En 1801, les mesureurs étaient Delahay et Poiteau ; ils furent remplacés en 1809 par Aimable-Louis Lequette et Pierre-Eugène Lemaire. Ce dernier avait été nommé jaugeur-juré par un arrêté du préfet en date du 28 frimaire an XII (20 décembre 1803) ; il démissionna le 3 avril 1816, et fut remplacé le 3 juin suivant par Pierre-Joseph Plouvier. Nous ignorons l'époque de la suppression de ces emplois.

Présentement, les usines à vapeur ont remplacé presque tous les moulins à vent. A Beaurains, MM. Joseph et Edouard Wartel occupent douze ouvriers dans leur usine ; Madame Blondel-Bauduin, cinq ouvriers : M. Bauvin, douze ouvriers ; M. Paradis, six ouvriers dans son moulin à l'eau situé à Etrun.

La fabrique à chicorée de MM. Paradis et Morel n'est établie que depuis trois ou quatre ans ; elle occupe quatre ouvriers.

Comme souvenir des anciennes coutumes et des bonnes traditions, nous devons rappeler que saint Arnould est encore honoré par les ouvriers de la brasserie de M. Pagniez, et que saint Eloi compte toujours des fidèles serviteurs parmi les fermiers et les cultivateurs, les maréchaux, les charrons, etc. Les valets de charrue ne manquent jamais de faire bénir un chanteau de pain, avant la messe de saint Eloi ; et, à l'heure du déjeuner, on en fait le partage dans la ferme.

Les divertissements de la population ouvrière sont : la danse, en temps de fête, et surtout pendant les quatre jours de la *ducasse* ou fête communale qui commence le deuxième dimanche de septembre ; ensuite les jeux de cartes, de quilles, d'arc et de javelot. La renommée des archers de Beaurains est connue depuis longtemps, à cause de l'adresse dont ils ont fait preuve dans beaucoup de concours où ils ont remporté les premiers prix et les médailles d'honneur ; le règlement de leur société porte la date du 1er janvier 1858.

Maintenant nous allons terminer notre petite histoire, parce que mes renseignements étant épuisés, j'ignore ce qu'il faudrait y ajouter. Quand le monde aura vieilli d'un demi-siècle, un nouveau narrateur voudra bien compléter mon travail, car il est probable que Jules l'Ermite ne sera plus sur cette terre pour reprendre une plume, de l'encre et du papier. Quelques amis l'auront vu descendre dans la tombe, où il doit dormir jusqu'au grand réveil après lequel nous nous reverrons tous dans la vallée de Josaphat. De temps en temps, ceux qui ne l'auront pas oublié tout à fait diront peut-être par charité : ce pauvre solitaire n'était pas un méchant homme, il n'a jamais fait grand bien ni grand mal ; que Dieu lui accorde la paix et la lumière sans fin.

Ainsi soit-il.

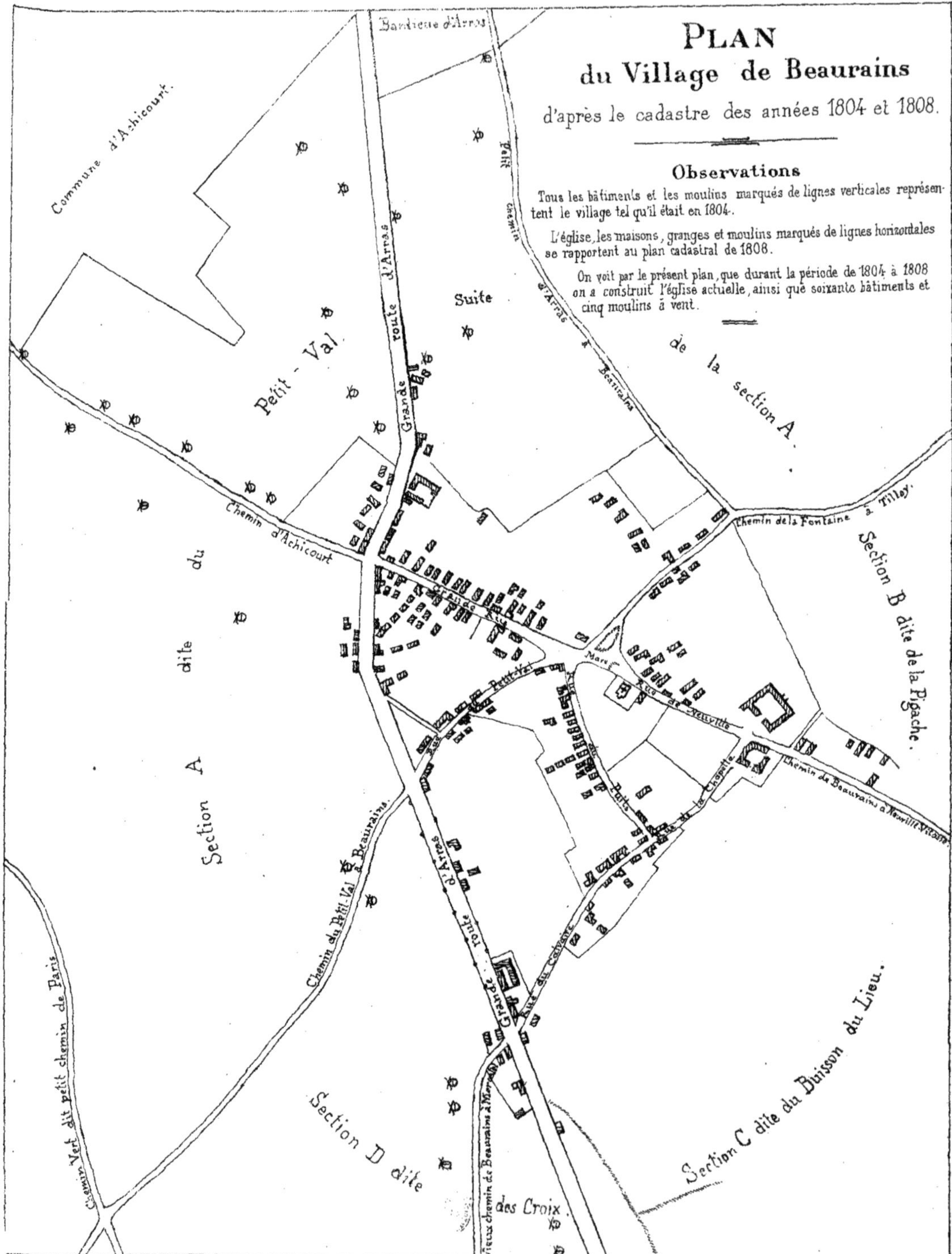
PLAN
du Village de Beaurains
d'après le cadastre des années 1804 et 1808.
Observations
Tous les bâtiments et les moulins marqués de lignes verticales représentent le village tel qu'il était en 1804.
L'église, les maisons, granges et moulins marqués de lignes horizontales se rapportent au plan cadastral de 1808.
On voit par le présent plan, que durant la période de 1804 à 1808 on a construit l'église actuelle, ainsi que soixante bâtiments et cinq moulins à vent.
Banlieue d'Arras
Commune d'Achicourt
Petit - Val
Grande route d'Arras
Suite de la section A.
Petit chemin d'Arras à Beaurains
Chemin d'Achicourt
Section A dite du
Chemin de la Fontaine à Tilloy.
Section B dite de la Pigache.
Grande Rue
Petit-Val
Mare
Rue de Neuville
Chemin de Beaurains à Neuville-Vitasse
Rue de la Chapelle
Chemin du Petit-Val à Beaurains
Grande route d'Arras
Rue du Calvaire
Chemin Vert dit petit chemin de Paris
Section D dite des Croix.
Vieux chemin de Beaurains à Mercatel
Section C dite du Buisson du Lieu.

PIÈCES JUSTIFICATIVES

N° 1.

Enquête du mois de juin 1307, au sujet d'une blessure faite à Hanot de Pumiers dans « la ville de Biaurain ».

Le maire et les échevins d'Arras prétendaient que le lieu où ledit Hanot fut blessé, devait dépendre de leur juridiction, et qu'ils étaient en droit de connaître et de juger cette affaire. — Déposition d'Alard Le Couvreur, de Beaurains : il déclare que Beaurains fait partie de la banlieue d'Arras : qu'il a vu « traîner et justicier » plusieurs personnes, entre autres Anselot de Boiry et Casin de Douchy ; que Robert Bretel fut aussi blessé à Beaurains par Hanot Le Vacher et que celui-ci fut condamné, par les échevins d'Arras, à payer une amende de 60 livres. — Pierre Hourdes, âgé de quatre-vingt-dix ans, déclare également que l'endroit où Hanot de Pumiers a été blessé dépend de la banlieue d'Arras ; il a vu un nommé Haubregon attelé sur une claie, à Arras, pour le conduire à Blangy et à Beaurains, et ensuite aux fourches patibulaires ; il sait que Tassart de Bantues, Waghet de Cambray et Béket de Warlus ont été attelés et traînés à Beaurains ; enfin, il a vu plusieurs fois des personnes se battant à l'épée dans la ville de Beaurains, près de l'église et de la fontaine, et il affirme que ces personnes ont été jugées par les échevins d'Arras. — Jean Poutrekins vient aussi déclarer que toute la ville de Beaurains est dans la juridiction de l'échevinage d'Arras ; que Jean Le Vacher fut condamné par les échevins pour avoir « sakié deux fois son épée entre le moustier et le chastel de Biaurrain » ; que le bailli a fait atteler un criminel, mais que l'on ne commença à le traîner qu'après avoir dépassé la Croix de Beaurains, parce que cette croix est la limite de la banlieue d'Arras et de la juridiction des échevins.

« Information faite en l'an de grace m. ccc. et sept, ou mois de juing, par Monsieur Jehan de Jourgny, chevalier, et par Gillion Hakin, contre chou que mayres et eschievin d'Arras dient et maintienent que lieu où li navreure fu faite de Hanot de Pumiers est dedens le banlieuve de le ville d'Arras, et que li dit eschievin y ont le jugement et le connissance. Et ensement de le navreure que Pieros d'Aigny fist à Nicaise Le Lingnier à Hacycourt.

« Tiesmoing cy sour le premier article, sour le tierch, sour le quart et sour le quint.

« 1. — Alars li Couvrères, de Biaurain, de leage de cinquante cinq ans et plus, tout interrogé tout répondu, sour le premier cas dist par son serrement qu'il cuide que li lieus où li navrure fu faite de Hanot de Pumiers est dedens le banlliue d'Arras. Interrogé pour quele raison il le cuide, dist que quant li bailliu d'Arras a fait gens trayner et justichier on les menoit tout outre le vile de Biaurain, aincois que on les commençast à trayner pour chou que on disoit que li ditte ville estoit dedens le banllieue d'Arras, et dist qu'il y vist trayner en le manière dessus ditte Ansselot de Bairy et Casin de Doucy et autres pluiseurs dont il ne se membre mie des nons. Et dist que Wyllaumes de Kokinghehem estoit adont bailliu d'Arras. Item dist tout cis tout cis que parole que ou pooir meismes ou li ditte navrure de Hanot de Pumiers fu faitte assès près de cel liu une navrure fu faite à Robert Bretel et le navra Hannos li Vakiers, et vit cis tout le fait faire, et dist quant tiex. Hanos li Vakiers que fist le navreure, repondist que pour cele navrure il fut jugiés par eschievin d'Arras à 60 lb. et loï dire autres pluseurs personnes. Et dit cis tout que il est commune renommée en le ditte ville de Biaurain et lieux voisins que li lieus dessus dis est dedens le banlliue et au jugement deschevins d'Arras. Et plus nen set.

« 2. — Maroie femme Alart le Couvreur . . . .
. . . .

« 6. — Pierre Hourdes, de laage de 80 ans et 10, tout interrogé tout répondu, dist par sen serment que li lieus ou Hanos de Pumiers fut navrés, si comme on le dist, est dedens le loy de le vile d'Arras, liquel liex ou chemin tencoste le maison le dame de Paris à Bieaurain. Répondu comment il cuide que ce soit dedens le banllieuwe et dedens leschievinage de le vile d'Arras, dist que il vit Robin de Tauletes et Ansselet de Boiry que on les menoist tout oultre de le ville de Biaurain a les devers Nœvile, ancois que on les trainast pour chou que on disoit que cestoit dedens le loy et le jugement d'eschievin d'Arras, et si vit ensement Haubregon que on l'atela à Arras sour une cloie et le mena en desci à Blangi, devant le maison Pieron Danel, et dilluec le trayna on sour le cloie desci à Biaurain, et quant il vint tout outtre le ditte vile autel devers Noeville, Gilles Bontems, adont sergans à cheval, demanda as boines gens qui là estoient se il estoit hors de le banllieuwe d'Arras, et on li dist que oil, et la fist on ledit Haubregon mettre jus de le cloie et trainer dilluec desci as fourches. Et en autele maniere il i vit il ateler Tassart de Bantues, Waghet de Cambray et Bieket de Warluys, varlet audit Waghet, et que on les atela et commencha à trayner outre le ditte vile de Biaurain, en le manière que on fist deci à que dessus sont nommé. Et dis cis tout que il a veu par pluiseurs fois sakier pluiseurs gens espées les uns sour les autres en le vile de Biaurain, devant le moustier et dencoste le fontaine, et estoient corrigiet et jugié et puni pour ces fais par lesdis eschievin pour tels cas à VI^{xx} lb. et len vit en le prison le chastelain d'Arras où on le tenoist pour ces 2 amendes. Et dis que commune renommée est que toute li vile de Biaurain est dedens le banllieuwe d'Arras, et plus nen set.

« 7. — Jehens li Peskieres . . . .

« 8. — Jehan Poutrekins de Biaurain, del aage de 34 ans ; tout interrogé et répondu, dist par sen serment qu'il set et a toudis oy dire que toute li vile de Biaurain est dedens l'eschievinage d'Arras, répondu comment il le set, dist que il set de certain que Hanos li Vakiers, pour une espée que il saka sour Robin Bretel, et pour une navrure que il li fist droit en le rue et assès près du lieu ou Hanos de Pumiers fu navré, si comme on dist, il fut semons à 60 lb. par eschievin d'Arras. Item dist que Jehan li Vakiers li oncles fu semons à 60 lb. par 2 fois pour espées qu'il avoit sakiés en le vile de Biaurrain, entre le moustier et le chastel de Biaurrain, et teleur où il connoistre lesdis semons. Item dist que entour 8 ans et il vist le bailliu d'Arras que fist 1 homme qui avoit tué sen oste à Baillues, atteler et trayner outre le crois de Biaurrain, et là demandoit li bailliu d'Arras as gens qui là estoient interrogé il estoit outre le crois, se il estoit hors de le banllieuwe d'Arras et se il pooit là commenchier à trayner et les gens disoient que oil. Interrogé qui estoit adont bailliu et quent tiex fu que adont fut trainés, dist que il ne se membre mie de leurs noms. Et plus nen set.

« 9. — Maroie de Fisseu, née à Biaurrain, etc. . . . .

(Archives départementales du Pas-de-Calais, série A).

N° 2.

Dénombrement donné le 16 mai 1444, à l'Abbaye de Saint-Vaast d'Arras, par Jacques de Beauvoir, seigneur de Beaurains, pour son manoir, ses jardins, son vivier et ses terres à labour.

C'est le rapport et dénombrement de ce que je Jacques de Beauvoir, escuyer, seigneur de Beaurains lez Arras en partie, tieng et advoeut à tenir de l'église Saint Vaast d'Arras, et que je baille à révérend père en Dieu Monsieur l'abbé pour et au nom de ladicte église. Primes, le masnoir amasé, les gardins, le vivier et le petit plalet au dehors, contenant trois mencaudées de terre ou environ. Item, ung camp de terre séant entre le Petit Val et les hayes des courtieulx dudit lieu de Beaurains, et d'autre part aux terres des héritiers de feu Tristan de Paris, et tout du long au grant chemin qui maisne d'Arras à Bappalmes, et contient treize mencauldées. Item, ung camp de terre séant devant le justice tenant au quemin dessus dit, etc.... Tous lesquelz masnoirs, terres ahannables et généralement tout ce que est déclaré, tant en ce qui est mon demaine comme tenu de moy, jay toutte justice et seignourie vicomtière et en desoubz, et tous droix à icelle appartenant, et le 6e denier quant mesdis hommes cottiers vendent les dis tenemens cottiers, et tieng et adveue à tenir, tout ce que dessus est dit, en un fief de la dicte église à soixante solz de relief d'hoir en aultre, et le tierch cambellage quant le cas y eschiet, et par service de plais de quinze en quinze, en la court de mesditz seigneurs à Sainct Vaast, quant je y suis souffisamment adjournez. En tesmoing de ce jay mis mon seel à cest présent dénombrement, qui fu fait et escript l'an de grace mil quattre cens et quarante quatre, ou moys de may, le seizième jour.

(Archives du Pas-de-Calais, fonds de l'Abbaye de Saint Vaast).

N° 3.

Extrait du cahier de centièmes du village de Beaurains, en date du 2 janvier 1569.

Pardevant Liénard Hanart, lieutenant de la terre et seigneurie de Beaurains lez Arras, Gilles Boucher et Philippe de Gouy ont esté eslus, choisis et commis pour faire tous les rapports de toutes les maisons, édifices, jardins, terres à labeur, prez et autres biens immeubles quelconques séant au terroir de Beaurains, avec la grandeur d'iceux, ensemble la valeur et rendage de ceux tant occupés par louagers que propriétaires, pour, selon l'édit et ordonnance de Sa Majesté, lever le centiesme d'iceux en revenu annuel, à l'advenant du denier seize ou dix huict, selon la qualité et nature de chacune partie, aussy pour faire estimation des biens meubles, marchandises subjets à tauxe, suivant ladite ordonnance, par l'advis dudit lieutenant, pourquoy faire chacun respectivement a fait le serment requis, conformément aux dites ordonnances ; pareillement, Nicolas de Fortille et Jean Rogier ont esté commis pour faire priserie et estimation du centiesme des biens, tant meubles que immeubles, et marchandises appartenant auxdits Gilles Bouchier et Philippe de Gouy, dont ils ont fait aussy le serment pertinent es mains des autres ; et pour recevoir ledit centiesme iceux mesme ont promis de faire bon et léal devoir, et du receu rendre bon et léal compte et reliquat, et du tout acquitter tous les manans et habitants dudit village de Beaurains, de quoy faire iceux ont fait de rechef le serment, le tout ainsy fait et besongné le 2e de janvier XVc soixante nœuf.

Suivant quoy a esté besongnié par lesdits Gilles Bouchier et Philippes de Gouy, députés, comme il s'ensuit.

Primes. Les dits déclarent n'avoir trouvé que le corps et communauté dudit village de Beaurains soit chargé de quelques rentes héritières, viagères ny aultres, pour ce icy renseing.

Cy n'a ladite communauté du dit lieu aucunes terres, biens immeubles ou commune, dont l'on puisse tirer profit ; pour ce icy renseing.

S'ensuit la déclaration des noms et surnoms des occupeurs par louages, des maisons et jardins où il n'y a terres à labeur appendans, avec spécification de leurs grandeurs et prix des rendages, tauxé à l'advenant du denier seize.

Et primes :

Marcq Dehée tient à louage de Jean Lesoing une maison et héritage contenant une mencaudée, dont il rend annuellement 50 s. pour ce ici, pour le centiesme au profit de Sa Majesté, 8 s.

Pierre Loglois tient et occupe de Robert Dufœul un manoir amazé contenant une mencaudée, en rendant par an 50 s. pour ce icy 8 s.

La vefve Augustin Rochin tient à ferme et louage dudit Robert Dufœul une maison contenant trois boistellées d'héritage, dont icelle vefve en rend par chacun an 25 s. pour ce icy pour le centiesme, à raison du denier seize, 4 s.

Imbert tient et occupe à louage de Sanson Prangier un héritage contenant demi boistellée, en rendant par an 25 s. pour ce icy, pour le roy, 4 s.

Marcq Laucquier tient aussy à louage de Augustin Godeffroy un héritage contenant cinq boistellées, dont il rend par an 4 ll. Pour ce icy pour le roy 12 s. 9 d. ob.

Barabam Jossart tient à louage de Pierre Bourgeois un héritage contenant demie mencaudée, en rendant par an 50 s. icy 8 s.

Jean Lemaire tient à louage de Pierre Lesoing une maison contenant demie mencaudée, en rendant par an 25 s. icy 4 s.

Première somme, 48 s. 9 d. ob.

S'ensuit la déclaration de toutes maisons occupées par louages, avec jardins, prez, bois, pastures, terres à labeur, aussy occupées sans maisons, avec spécifications des grandeurs, prix d'iceux et à qui iceux héritages appartiennent en propriété, tauxée à l'advenant du denier dix huit.

Et primes :

Liénard Hanart, lieutenant dudit village, tient à censse et louage de M. Terrimaisnil la maison et cense, grange et estables contenant environ quatre mesures, avec le nombre de cent quarante neuf mencaudées de terres labourables en plusieurs pièces, dont il en rend par chacun an audit sieur, comme il est apparu par son bail, le nombre de 150 mencauds de blé, 60 florins d'argent et deux pourcheaux de 6 ll. faisant le tout 216 ll. est pour le centiesmes au profit du roy 38 ll. 17 s. 7 d.

Nicolas Deshorties tient à titre de censse de M. de Villers Cautray certaine maison et cense, grange, estables et jardins, avec le nombre de trois cents mencaudées de terres labourables, dont il en rend par chacun an audit sieur le nombre de 300 mencauds de blé, 30 mencauds d'avoine, 50 florins en argent et deux pourcheaux de 6 livres, qui monte en tout, moyennant le blé et avoine estimé à 20 s. le mencaud, la somme de 3 c. 86 ll. Comme est apparu par son bail, pour ce icy au profit de Sa Majesté, à raison du denier dix huit, 69 ll. 9 s. 7 d.

David Lefebvre tient à censse et louage de Louis Le Sergeant, bourgeois demeurant à Arras, la maison et cense contenant dix boistellées, avecq le nombre de deux cent quatre vingt mencaudées de terres labourables, dont il en rend par chacun an, audit Louis, le nombre de 300 mencauds de blé, 40 mencauds d'avoine à 20 s. et deux pourcheaux de 60 s. la pièce, monte tout à la somme de 346 ll. qui sont au profit de Sa Majesté, au denier dix huit, 62 ll. 5 s. 7 d.

Plus, icelluy David, suivant ledit marchier, est tenu de descharger et payer encore par chacun an, à Messieurs du chapitre de Notre Dame d'Arras, le nombre de 10 mencauds de blancq bled, pour ce icy, pour le centiesme 36 s.

Icelluy David tient encore à ferme et louage de Messieurs du chapitre de Notre Dame d'Arras, un droit de disme, en rendant par chacun an le nombre de 120 mencauds de bled et deux pourcheaux de 6 livres, qui monte en tout 126 livres, pour ce icy, pour le centiesme à raison que dessus, 22 ll. 13 s. 7 d.

Item, icelluy David tient encore à ferme du curé dudit Beaurains un autre droit de disme, dont il en rend par chacun an, audit curé, le nombre de 12 mencauds de bled et 8 mencauds d'avoine, faisant 20 s. le mencaud, et deux cents gerbées à 20 s. le cent, monte le tout à 22 ll. pour ce icy 3 ll. 19 s. 2 d.

Item, icelluy David tient encore à censse et louage des confrères du Petit Val le nombre de soixante-seize mencaudées de terres labourables, dont il rend par chacun an 72 mencauds de bled faisant 72 florins, pour ce icy, pour le centiesme à raison du denier dix huit, 12 ll. 19 s. 2 d.

Simon Le Blancq tient à censse et louage de maître Hugues de Beauffort sa maison et cense, avec le nombre de cent vingt mencaudées de terres labourables, en rendant par an 120 mencauds de blé et 20 mencauds d'avoine et un pourcheau de 3 ll. qui monte en tout 143 ll. et pour le profit de Sa Majesté, au denier dix huit, 25 ll. 14 s. 9 d. ob.

S'ensuit la déclaration des maisons, censes et autres biens immeubles, tant en terres à labour, jardins, prez, occupés avec maisons ou sans maisons par les propriétaires, taxés à l'advenant du denier dix-huit.

Et primes :

David Lefebvre tient en propriété un manoir non amazé mis à usage de prez, contenant six boistellées, avec deux mencaudées de terres à labour, estimé le tout valoir par chacun an 4 ll. pour ce icy, pour le centiesme à raison du denier dix-huit, 13 s. 4 d.

Pierre Maillard tient en propriété une maison et héritage contenant trois mencaudées, avec douze mencaudées de terres labourables, le tout luy appartenant, prisés et tauxés en revenu annuel 11 ll. pour ce icy le centiesme 39 s. 7 d.

Et au regard de la chimentière et l'enclos de l'église dudit Beaurains contenant trois boistellées de terre, on ne prend nul profit, partant icy néant.

Et quant au presbitaire contenant aussy trois boistellées, le curé ne prend aucun profit, partant icy néant.

Pareillement iceux commis déclarent qu'il n'y a chasteau ny maison de plaisance, par ce icy renseing.

Nous Gilles Bouchier et Philippe de Gouy, députés taxateurs du village de Beaurains, et nous Nicolas Desorties et Jean Rogier, députés au taxe des biens des dits députés généraux, déclarons que, suivant le serment par nous fait ès mains de Liénard Hanart, lieutenant dudit Beaurains, de bien léalement et fidèlement nous acquitter de cette charge, etc... En tesmoing nous avons mis nos seings le sixiesme jour de janvier quinze cent soixante-neuf.

Signé : Deshorties, Jean Rogier, Philippe de Gouy.

Collationné aux originaux par le greffier des Etats d'Artois, soussigné, le 2 d'aoust 1721.

Becquet.

(Archives du Pas-de-Calais, fonds des Etats d'Artois.)

N° 4.

Dénombrement d'un fief appartenant à Pierre de la Salle, seigneur de Beaurains, par suite de son mariage avec Marie Briois, fille unique et héritière d'Antoine Briois.

C'est le rapport, déclaration et dénombrement que je Pierre de le Salle, escuier s^{r} de Beaurains, Terremaisnil, Melcastel, et Moienneville en partie, demeurant à Arras, fay et baille à mes très honnorés seigneurs Messieurs les religieulx, abbé et couvent de l'église et abbaie Saint Vaast d'Arras, d'ung fief et noble tenement séant en la ville et terroir dudit Beaurains, à moy appartenant à cause de damoiselle Marie Briois, ma femme, fille unique et héritière de deffunt Antoine Briois, bourgeois d'Arras....., lequel fief et noble tenement se comprend en ce qui s'ensuit.

Et primes :

En ung manoir amazé de maison manable, grange, estables, coulombier et auttres édiffices, qui est le chef lieu de mondit fief, contenant parmy les gardins et un petit vivier à présent à prey, trois mencaudées de terre ou environ, tenant à l'héritage Me Jehan de Beauffort, à l'héritage nommmé le fief de Plassel appartenant à Jehan de le Rue, et de deux sens au flégard.

Item se comprend encoires en plusieurs terres à labour qui sont du gros et demaine d'icelle, desquelles la déclaration s'ensuit.

Et premier :

Treize mencaudées séant devant le justice du Virepin, tenant au grand chemin de Bapaumes à Arras.....

Sept mencaudées tenant à le cauchie d'Arras à Bapaumes, au manoir du Petit Val, au chemin de Beaurains à Arras.

Jehan de Marquais, escuier seigneur de Villers, tient de moy Pierre de le Salle, à cause de mondit fief et seigneurie de Beaurains, six fiefs..... qui se comprendent en ce qui s'ensuit, asscavoir les deux premiers nommés le Motte, en un manoir amasé de maison manable, grange, estables et aultres édiffices contenant sept boistellées de terre ou environ, que tient à présent en arrentement Jehan de le Rue, tenant à l'héritage Me Jehan de Beauffort et à mon chief lieu dudit Beaurains.

Messieurs de chapitre Notre Dame d'Arras ayans l'administration du Petit Val, tiennent comme dit est, en cotterie, un petit pré séant au boult dudit Beaurains, etc.

(Archives du Pas-de-Calais, série H.)

N° 5.

20 juin et novembre 1698. — Arrêt du Conseil d'Etat et lettres patentes du roi Louis XIV, qui unissent les biens et revenus de la maladrerie du Petit Val de Beaurains à l'hôpital d'Arras.

Veu au Conseil du Roy l'avis du sieur évesque d'Arras et du sieur Bignon, conseiller d'Etat, intendant et commissaire sur l'employ à faire au proffit des pauvres, des biens et revenus des malladeries et hospitaux y mentionnés du diocèse d'Arras, en exécution de l'édit et des déclarations des mois de mars, avril et aoust 1693; ouy le rapport du sieur Defourcy, conseiller d'Etat, et suivant l'avis des sieurs commissaires députtez par Sa Majesté, pour l'exécution desdits édits et déclarations, et tout considéré ; le Roy en son Conseil, en exécution desdits édit et déclarations, a uni et unit à l'hospital des pauvres mallades de la ville d'Arras appellé de Saint Jean, les biens et revenus des malladeries de ladite ville appellés du Grand Val et de Miolans, ceux de la malladerie du Petit Val de Beaurains près Arras, y compris les héritages appellés le pain de la maison du Petit Val, et ceux des malladeries de Croisilles, Bucquoy, Guémappes, Hennin sur Cojeux, Chérisy, Mont Saint Eloy, Simencourt, Montauban, Averdoin, Vitry et Neuville Vitasse, de l'hospital et de la malladerie de Brebières, et de l'hospital ou malladerie de Boiry Becquerel, pour en jouir du premier juillet 1695 et estre, lesdits revenus, emploiés à la nourriture et entretien des pauvres mallades dudit hospital de Saint Jean d'Arras, à la charge de satisfaire aux prières et services de fondation dont peuvent estre tenus lesdits biens unis, et de recevoir les pauvres mallades des lieux et parroisses où sont scitués les dites malladeries du Petit Val de Beaurains, de Croisilles, Bucquoy, Guémappres, Hennin sur Cogeux, Chérisy, Mont Saint Eloy, Simencourt, Montauban, Averdoin, Vitry et Neuville Vitasse, lesdict hospital et malladerie de Boiry Becquerel, approportion de leurs revenus; et, en conséquence, ordonne Sa Majesté que les titres et papiers concernans toutes les malladeries et lesdits hospitaux unis, biens et revenus en dépendans, qui peuvent estre en la possession de Me Jean Baptiste Macé, cy devant greffier de la Chambre roialle aux archives de l'ordre de Saint Lazare, et entre les mains des commis et préposez par le sieur intendant et commissaire déparly en Artois, mesme en celles des chevaliers dudit ordre, leurs agens, commis et fermiers ou autres, qui jouissoient desdits biens et revenus avant l'édit du mois de mars 1693, seront délivrés aux administrateurs dudit hospital de Saint Jean d'Arras ; à ce faire les dépositaires contraints par touttes voyes ; ce faisant, ils en demeureront bien et vallablement déchargez ; et pour l'exécution du présent arrest, seront touttes lettres nécessaires expédiées. Fait au Conseil d'Etat privé du Roy, tenu à Paris le vingtiesme jour de juin mil six cens quatre vingt dix huit. *Signé :* VALLIER.

LOUIS, par la grâce de Dieu roy de France et de Navarre, à tous présens et à venir salut. Nos bien amez les administrateurs de l'hôpital des pauvres malades de la ville d'Arras nous ont fait remontrer que, par nos édit et déclarations des mois de mars, avril et aoust mil six cent quatre vingt treize, nous aurions désuny de l'ordre de Notre Dame de Mont Carmel et de Saint Lazare les maladeries, hôpitaux et léproseries qui y auroient été jointes par autre notre édit du mois de décembre mil six cent soixante douze, déclarations et arrests rendus en conséquence, et icelles réunies aux hôpitaux desquels elles avoient esté désunies ; ce qui a donné lieu à l'arrest rendu en notre Conseil le vingt juin dernier, portant union audit hôpital d'Arras appellé de Saint Jean, les biens et revenus des maladeries de ladite ville appellées de Grand Val et de Miolans ; ceux de la maladerie du Petit Val de Beaurains près Arras, y compris les héritages appellés le pain de la maison du Petit Val, et ceux des maladeries de Croisilles, Bucquoy, Guémappes, Hennin sur Cogeux, Chérisy, Mont Saint Eloi, Simencourt, Montauban, Averdoin, Vitry et Neuville Vitasse ; de l'hôpital et de la maladerie de Brebières, et de l'hôpital ou maladerie de Boiricq Becquerel ; et qu'à cet effet toutes lettres nécessaires en seroient expédiées, lesquelles ils nous ont très humblement fait supplier leur vouloir accorder. A ces causes, après avoir fait voir à notre Conseil le susdit arrêt du vingt juin dernier 1698, cy attaché sous le contrescel de notre chancellerie ; et désirant que nosdits édits et déclarations des mois de mars, avril et aoust 1693 soient exécutez selon leur forme et teneur, nous avons joint, uny et incorporé et par ces présentes signées de notre main, joignons, unissons et incorporons à l'hôpital des pauvres malades de la ville d'Arras appellé de Saint Jean, les biens et revenus des maladeries de ladite ville appellées du Grand Val et de Miolans, ceux de la maladerie du Petit Val de Beaurains près Arras, y compris les héritages appellés le pain de la maison du Petit Val, etc.

..... Si donnons en mandement à nos amez et féaux conseillers les gens tenans notre Cour de Parlement à Paris, que ces présentes ils fassent registrer, et de leur contenu jouir et user lesdits administrateurs dudit hospital de Saint Jean d'Arras, et ceux qui leur succéderont en ladite qualité, pleinement, paisiblement et perpétuellement, cessant et faisant cesser tous troubles et empechemens, nonobstant tous édits, déclarations, arrests et règlemens à ce contraires, ausquels nous avons dérogé et dérogeons par ces présentes, car tel est notre plaisir ; et afin que ce soit chose ferme et stable à toujours, nous avons fait mettre notre scel à ces présentes. Donné à Versailles au mois de novembre de l'an de grace mil six cent quatre vingt dix huit, et de nostre règne le cinquante sixième.

Signé : Louis. Sur le reply : Par le Roy, Le Tellier ; et à côté : Registré ouy le procureur général du Roy, pour jouir par les impétrans, et ceux qui leur succéderont en ladite administration, de leur effet et contenu, et estre exécutées selon leur forme et teneur, suivant l'arrest de ce jour. A Paris, en Parlement, le 7 septembre 1700. Signé : Du Tillet, avec paraphe. A côté est écrit : Visa, Boucherat ; pour lettres donnécs à l'hospital d'Arras.

(Archives communales de Beaurains, série GG.)

N° 6.

Arrentement accordé le dernier jour de février 1707 à M. Leducq, par Louise-Antoinette de Beaurains, héritière de Christophe de Beaurains, son père. Cet acte est relatif à la seigneurie qui avait été vendue audit Christophe de Beaurains par Louis-Joseph Le Sergeant d'Hendecourt, consistant en une maison appelée les Watines, avec manoir, chapelle et terres à labour.

Comparut en sa personne damoiselle Louise Antoinette de Beaurains, vefve de défunt Jean François Maillietz, escuier sieur de Liestre, demeurante en la ville de Lillers, et recognut que comme elle possède en propriété la terre et seigneurie de Beaurains lez Arras, consistante en justice vicomtière, etc., avec deux manoirs dont l'un est amazé de maison, granges, estables, collombier et autres édifices, nommé le Vatènes, contenant cinq mesures et demie, entourez de murailles ; et le deuxième vis à vis contenant deux mesures et demie, sur lequel il y a une chapelle, ensemble plusieurs pièces de terres labourables, faisant lesdits menoirs et terres partie du gros de la dite seigneurie, le tout plus amplement exprimé es titres, concernant ladite terre et seigneurie..... composant un marché occupé par Philippe Lefebvre, contenant le nombre de cent et huit mesures de manoirs et terres labourablee situés au village et terroir dudit Beaurains et à l'environ, appartenante à ladite dame comparante et à elle succédez par le décès de feu M. Christophe de Beaurains, son père, qui les avait acquis de Louis Joseph Le Sergeant, escuier sieur d'Ennecourt... moyennant la somme de 18,535 livres reçue comptant des mains de M. Augustin Leducq, trésorier de la chancellerie du Conseil d'Artois, à titre d'arrentement perpétuel et irrévocable, tous les manoirs et terres compris esdites cent huit mesures ou environ cy dessus..... Ce fait, ladite dame, moyennant ladite somme de 18,535 livres, a vendu cédé et transporté audit M. Leducq, et à Marie-Thérèse Vasseur, sa femme, toute ladite terre et seigneurie de Beaurains, consistant comme dit est en seigneurie vicomtière, etc.

Fait et passé audit Arras le dernier février mil sept cent sept.

(Archives du Pas-de-Calais, série E.)

N° 7.

Extrait du rôle de vingtième de la commune de Beaurains, en date du 5 janvier 1763.

Déclaration que donnent les lieutenant, gens de loy, principaux habitans et quatre plus haut cotizés aux centièmes du village de Beaurains, de tous les biens fonds, manoirs, prairies, terres labourables, bois, moulins, droits de disme et terrage, et de tous les autres biens et droits produisant revenus, situés et compris dans l'étendue du vain paturage dudit Beaurains, pour satisfaire aux ordonnances de MM. les députés généraux et ordinaires des Etats d'Artois en date des 5 mars et 10 décembre 1759.

Seigneuries, fief, manoirs et jardins.

M. de Fiefs, seigneur du clocher de ladite paroisse, possède en partie la seigneurie dudit lieu, consistant en droits seigneuriaux et rentes foncières valant en revenus 40 livres.

M. de Sarton, seigneur en partie de ladite paroisse, possède plusieurs seigneuries consistant en droits seigneuriaux et rentes foncières.

M. du Cauroy, aussy seigneur en partie de ladite paroisse, possède une seigneurie valant en revenu.....

M. de Hauteclocque possède une seigneurie nommée la seigneurie de Berles.

M. Leducq, pareillemeut seigneur en partie de ladite paroisse, possède une seigneurie du revenu de.....

Rue de l'église de Beaurains au chemin de Neuville Vitasse.

1. — M. de Fiefs possède une maison seigneuriale et jardin contenant quatre mesures d'enclos, occupée par Joseph Carton, tenant à la rue de l'église allant au chemin de Neuville Vitasse, d'autre liste à la rue du Maréchal, d'un bout à trois mesures trois boitelées d'un manoir amazé du sieur Leducq et à sept boitelées reprises article suivant, d'autre bout à la place seigneuriale.

2. — Joseph Carton occupe sept boitelées de manoir amazé appartenant au sieur de Fiefs, tenu en fief du sieur de Sarton, tenant d'une liste à trois mesures trois boitelées de manoir amazé dudit sieur Leducq, d'autre liste à la rue de l'église allant au chemin de Neuville Vitasse, d'un bout à l'article précédent, d'autre bout à la rue du Calvaire.

10. — Joseph Carton occupe quatre mesures de manoir amazé appartenant au sieur de Sarton, tenant à l'article précédent et à quatorze verges

de manoir amazé à Noël Flochel, d'un bout à vingt mesures de terre dudit sieur de Sarton, d'autre bout à la rue de l'église au chemin de Neuville.

Rue du Maréchal.

49. — Nicolas Blondel possède deux boitelées et demie de manoir amazé, etc.

Rue du Calvaire.

68. — Le sieur du Coroy possède trois mesures de manoir amazé occupées par Pierre Joseph Laguilliez, tenant à six mesures dudit sieur du Coroy, à la rue du Calvaire et à la rue de l'église au chemin de Neuville.

69. — Le sieur Leducq possède deux boitelées et demie de manoir amazé tenant à quatre mesures de manoir amazé du sieur de Fiefs, à la rue du Calvaire, à sept boitelées de manoir amazé dudit de Fiefs et à la rue du Maréchal.

Rue de l'église à la vieille chapelle du Petit Val.

73. — Pierre Ronnel possède deux boitelées et demie de manoir amazé tenant à trois mesures de terre de la Maladrerie.....

Chemin Royal.

74. — Jean Baptiste Dubrule occupe par bail féodal deux boitelées de manoir amazé appartenant à Noël Dufour.....

Rue de l'église au chemin Royal.

95. — Les héritiers de Pierre Louis Lefebvre possédent onze boitelées de manoir amazé, tenant à la rue de l'Eglise à la vieille chapelle du Petit Val, etc.

Dîmes.

Le chapitre de la Cathédrale d'Arras possède un droit de dîme affermé 1200 livres.

Messieurs de Saint Vaast possèdent un droit de dîme.

M. de Wailly jouit d'un droit de dîme.

MM. de Sarton, Leducq et de Hautecloque jouissent du droit de terrage.

Louis François Lefebvre est propriétaire d'un moulin à usage de moudre blé non banal.

Nous soussignés certifions la présente déclaration sincère et véritable, le 5 janvier 1763.

Joseph Carton, Louis François Lefebvre, Guillaume Gruel, Albert Guislain Lefebvre.

(Archives du Pas-de-Calais, fonds des Etats d'Artois.)

N° 8.

Echange du 23 février 1763 concernant l'église, le cimetière et le presbytère. — M. du Carieul, seigneur de Beaurains, cède aux habitants de ce lieu une partie de son manoir seigneurial pour y faire reconstruire l'église. Cet acte est suivi d'une délibération communale ratifiant l'échange précité. On décide que les travaux de reconstruction de l'église seront adjugés au rabais, et que l'adjudicataire pourra employer, dans cette reconstruction, les matériaux provenant de l'ancienne église. — MM. Carton et Lefebvre sont chargés de s'occuper de cette affaire et de veiller aux intérêts de la commune.

Pardevant Antoine Cocquel et Philippe Armand Thomas, notaires royaux d'Artois de la résidence d'Arras, furent présents messire Adrien François Valentin Du Carieul, chevalier, seigneur de Fiefs, Beauquesne, Beaurains les Arras et autres lieux, capitaine au régiment de la mestre de camp dragon, demeurant ordinairement en son château de Beauquesne, d'une part ; Joseph Carton, fermier au village de Beaurains, stipulant au nom et sous le bon plaisir des gens de loix, manans, habitans, corps et communauté du même lieu, d'autre part.

Lesquels ont dit que l'église du village de Beaurains se trouve actuellement dans un état de caducité à ne pouvoir subsister, et même condamnée par experts qui en ont fait la visite, à être démolie de fond en comble.

Que penser à la reconstruire dans le même emplacement ce serait exposer la communauté à une dépense considérable, sans espérance de réussir à faire un édifice solide, à cause que cet emplacement et toute l'enceinte du cimetière qui l'environne est un terrain sableux et sans solidité.

. Qu'il serait encore moins possible de construire la nouvelle église dans le terrain joignant celuy ci-dessus, à usage de presbitère, parceque ce terrain forme une espèce de cuve dans lequel on pourrait à peine construire le moindre édifice.

Que l'un et l'autre de ces deux terrains, étant provenus de la libéralité des seigneurs de Beaurains, prédécesseurs du seigneur premier comparant, qui en ont fait donation et les ont amortis au profit de la communauté, à la condition de les mettre à l'usage cy-dessus, le second comparant avoit supplié le premier de vouloir bien reprendre lesdits terrains et d'en céder un autre à la communauté, dans les manoirs qui lui appartiennent audit Beaurains, faisant partie de son domaine, pour y construire la nouvelle église, avec un cimetière, et former l'emplacement du presbitère à l'effet d'y construire, par la suite, le logement du curé ou d'un vicaire.

Et le premier comparant voulant bien adhérer à la supplication du second, pour donner des marques de son attention à la communauté de Beaurains, les parties sont convenues de ce qui suit :

Le seigneur premier comparant rentrera, à compter de ce jour, dans la pleine propriété et jouissance des terrains qui composent l'église, le cimetière et le presbitère de Beaurains.

En considération de quoy, et par forme d'échange, le seigneur premier comparant cède à la communauté de Beaurains les deux terrains pris dans les manoirs d'iceluy seigneur, l'un représenté au plan par la lettre A, dressé en double par Cornu, arpenteur, dont l'un a été délivré au seigneur premier comparant, l'autre au second comparant, après avoir été paraphés desdits notaires, pour y construire la nouvelle église de Beaurains et former le cimetière du même lieu, lequel terrain comprendra tout ce qui est renfermé de pieds de murailles représenté audit plan par le numéro 1 ; l'autre comprendra le terrain représenté par la lettre B, audit plan, et coloré rouge, pour servir par la suite de presbitère. Pour, desdits deux terrains, jouir par ladite communauté de Beaurains au lieu et place de ceux cy dessus cédés, sans être assujettis à aucun droit ny devoir envers le seigneur premier comparant, lequel les amortit à toujours pour lui et ses successeurs, seigneurs de Beaurains, à la seule condition de les mettre aux usages cy dessus destinés. Et pour d'autant plus marquer, par le seigneur premier comparant, ses intentions favorables vers la communauté de Beaurains, il lui permet de démolir de fond en comble les matières de l'église qui subsiste aujourd'hui, pour en faire l'usage que ladite communauté jugera à propos, comme aussy de prendre dans le terrain de l'église actuelle, cimetière et presbitère, non-seulement le sable, qui sera nécessaire pour la construction de la nouvelle église, et des murailles qui devront former l'enceinte du cimetière, mais encore autant de sable qu'il faudra, s'il s'en trouve suffisamment, pour fournir à la dépense tant des matières telles qu'elles puissent être pour la construction de ladite église et des murailles qui doivent entourer le cimetière, que pour la main d'œuvre desdites constructions. Les conventions cy dessus seront exécutées, à la charge par la communauté de Beaurains d'obtenir, s'il y échet, toutes lettres nécessaires pour l'exécution d'icelles, et de les faire homologuer partout où besoin sera, à ses frais ; pour l'importance desquels icelle communauté sera encore libre de prendre, dans les terrains cy dessus cédés, tout le sable qu'il conviendra pour acquitter lesdits frais. Promettant, les parties, ce que dessus exécuter, etc . . . .

Passé à Arras le 22 février 1763.

Délibération communale. — Ce jourd'huy treize mars mil sept cent soixante trois, jour de dimanche, à l'issue de la messe paroissiale du village de Beaurains, après affiche mise au portail de l'église dudit Beaurains le dimanche six de ce mois, par le sergeant de ce lieu, suivant ce qu'il résulte de son exploit ci joint, annoncé au prône de la messe de ce jour par le sieur curé, et le son de la cloche dans la forme accoutumée, a été fait assemblée, au lieu ordinaire, des lieutenant, gens de loy, manans, habitans, corps et communauté dudit Beaurains, à laquelle il a été représenté 1° que l'église du lieu, outre qu'elle n'est pas assez grande pour contenir les paroissiens, se trouve dans un état de défectuosité à ne pouvoir subsister, menaçant ruine depuis plusieurs années ; 2° que penser à reconstruire cette église dans l'endroit où elle subsiste, il y aurait à craindre une dépense considérable, sans espérance de faire un édifice solide, attendu que tout le fond du cimetière dans lequel elle est forme un banc de sable qui n'a point de solidité ; que d'un autre côté, on ne pourroit se déterminer à placer la nouvelle église dans le presbitère joignant le cimetière, dans la circonstance où ce presbitère forme une espèce de cuve, sujet à être inondé pour peu que les pluyes soient abondantes ; que ces considérations ont déterminé messire Adrien François Valentin Du Carieul, chevalier, seigneur de Fiefs, Beauquesne, Beaurains les Arras et autres lieux, par acte passé entre lui et Joseph Carton, fermier et lieutenant audit Beaurains, ayant stipulé sous le bon plaisir de la communauté, le 22 février dernier, de céder à ladite communauté un terrain de cinquante verges, à prendre dans ses manoirs, pour construire la nouvelle église et former le cimetière, et un autre terrain contenant trente sept verges dix pieds, à prendre dans les mêmes manoirs pour l'emplacement du presbitère, lesdits deux terrains représentés au plan dressé par Cornu, arpenteur, le 8 février dernier, par les lettres A et B ; que par le même acte ledit Carton, sous le bon plaisir de la dite communauté, a cédé audit seigneur de Fiefs, par forme de contre échange, les terrains qui composent le cimetière et le presbitère actuels, à la condition de pouvoir emporter toutes les matières de l'église et de prendre, dans le terrain du cimetière et du presbitère, tout le sable nécessaire (s'il s'en trouve suffisamment) pour fournir à la dépense de la nouvelle église ; qu'il s'agit, dans cette assemblée, d'approuver ou de désapprouver le contenu de cet acte ; que, dans le cas d'approbation, il sera encore question de prendre une résolution 1° afin de se pourvoir vers M. l'évêque d'Arras pour obtenir l'interdiction de l'église actuelle ; 2° pour déterminer si la nouvelle église à construire se fera par économie ou par adjudication, au rabais et moins disant; 3° Si ladite église sera construite dans la forme présentée au plan dudit Cornu, arpenteur, du 8 février dernier, ou si on lui donnera plus de largeur ou de longueur pour qu'il y ait double nef; 4° Si une ou plusieurs personnes seront nommées pour sindics de la communauté, à l'effet de faire toutes les conventions qu'il conviendra pour la construction de la nouvelle église, si elle se fait par économie, ou pour en donner l'entreprise au rabais et moins disant, sur les devis et conditions qu'ils jugeront à propos ; 5° Si ces sindics demeureront seuls autorisés de nommer et commettre des ouvriers pour tirer le sable qui se trouve dans les terrains de l'ancien cimetière et presbitère, et de vendre le sable pour fournir aux frais de la nouvelle construction. Sur quoy, la matière mise en délibération, l'assemblée ayant eu inspection du plan dressé par Cornu, arpenteur, dudit jour 8 février dernier, et lecture lui ayant été faite par l'un des notaires soussignés de l'acte dudit jour 22 février dernier, il a été résolu et délibéré d'une voix unanime : 1° d'approuver, comme l'assemblée approuve par ces présentes, l'acte dudit jour 22 février dernier, pour être exécuté en tout ce qu'il contient ; 2° en conséquence, de se pourvoir pardevant M. l'évêque d'Arras pour faire prononcer l'interdiction de l'église de ce lieu ; 3° de faire reconstruire à neuf ladite église dans le terrain représenté au plan par la lettre A, la nef de laquelle église aura cinquante pieds d'Artois de longueur, sur trente de largeur, de creux, ainsi qu'elle est figurée audit plan ; 4° que ladite construction nouvelle, ainsi que celle des murailles qui doivent former l'enceinte du cimetière, et la séparation du nouveau presbitère d'avec le restant des manoirs dudit sieur de Fiefs, se feront par adjudication au rabais et moins disant, à charge par l'adjudicataire de fournir toutes les matières nécessaires, tant en bois, fer, grès, briques, pierres, qu'autres, en lui livrant seulement le sable, et en profitant par lui de toutes les matières qui composent l'édifice de l'église actuelle, lesquelles il pourra employer à la nouvelle construction sy les personnes cy après nommées sindics les trouvent en état d'être remis en œuvre ; et se passera la dite adjudication au rabais devant notaire, à Arras, sous les devis, clauses et conditions que lesdits sindics trouveront à propos ; 5° pour l'exécution de tout ce que dessus, l'assemblée nomme les personnes de Joseph Carton et de Louis François Lefebvre, fermiers, lesquels au surplus sont, par ces présentes, autorisés de choisir et nommer telles personnes qu'ils jugeront à propos, et sous telles conditions qu'ils aviseront bon être, pour tirer le sable nécessaire pour lesdites constructions et le paiement du prix de l'adjudication, dont ils donneront un état et renseing lorsqu'ils en seront requis. Ainsy fait, résolu et délibéré pardevant les notaires royaux d'Artois soussignés, les jour mois et an que dessus ; ayant, les personnes qui composent l'Assemblée, signé avec lesdits notaires, sauf Pierre Philippe Chevalier, Jean Petit, Pierre Boulet, Jean Blondel, Jean Noël Flochel, Joachim Bétrémieux, Guislain Houriez, Mathieu Richard, Ignace Lequette, Pierre Dhée et Jean-Noël Proyart, qui ont déclaré ne savoir écrire ny signer, de ce interpellés par lesdits notaires suivant l'ordonnance. Etoit signé Joseph Carton, Pierre Joseph Laguilliez, Louis Boulet, Louis François Lefebvre, Pierre Louis Blondel, Antoine Ignace Blondel, Guillaume Gruel, Félix Pecqueur, Nicolas Guislain Viart, Constantin Bourgeois, Barthélemi Richard ; et comme notaires : Cocquel et Thomas, avec paraphe.

(Archives communales de Beaurains, série DD.)

N° 9.

15 avril 1763. L'évêque d'Arras autorise la démolition de l'ancienne église, d'après un procès-verbal de visite qui a été fait par M. Depoix, curé de Monchy-le-Preux ; il permet aux habitants de Beaurains, 1° de faire reconstruire une nouvelle église sur le terrain qui leur a été accordé par M. du Carieul ; 2° d'exhumer les corps enterrés dans le cimetière et de les transporter dans le terrain cédé par M. du Carieul ; 3° de déposer les vases sacrés, les ornements et les fonts baptismaux dans la chapelle de M. Leducq, et d'y faire les fonctions curiales pendant la reconstruction de l'église.

Jean de Bonneguise, par la grâce de Dieu et du Saint-Siége apostolique, évêque d'Arras. Vu la requête à nous présentée par les curé, lieutenant, gens de loix, manans, habitans, corps et communauté du village de Beaurains, de notre diocèse d'Arras, tendante à ce que, pour les raisons reprises dans ladite requête, il nous plut leur permettre de démolir leur église paroissiale et la reconstruire dans un nouvel emplacement, et y former un nouveau cimetière ; notre ordonnance en date du 12 du présent mois, portant commission au sieur Depoix, curé de Monchy-Lepreux, de notre dit diocèse, et doyen de chrétienté, de visiter l'église dont il s'agit, constater la nécessité de la démolir et d'en construire une nouvelle, et vérifier la convenance de l'endroit où lesdits habitans se proposent de reconstruire ladite église, en se faisant accompagner au besoin d'experts ; le procès verbal tenu en conséquence le 14 du courant, par lequel il conste de la nécessité de ladite démolition et de ladite reconstruction, et de l'impossibilité de bâtir la nouvelle église dans le même endroit, et de la nécessité de la reconstruire dans un nouvel emplacement ; de la convenance du terrain proposé à cet effet ; l'acte passé entre M. de Fiefs, seigneur dudit Beaurains, et les habitans dudit lieu, par lequel ledit seigneur leur cède le terrain proposé pour reconstruire l'église, le presbitaire, et former un nouveau cimetière ; tout vu et considéré, Nous avons permis et permettons aux dits sieurs curé, lieutenant, gens de loix, manans et habitans, corps et communauté dudit Beaurains de démolir l'église dudit lieu, d'exhumer, les corps et les ossements qui se trouveront tant dans ladite église que dans le cimetière, à l'effet de les transporter avec décence dans l'emplacement destiné pour le nouveau cimetière, après que ledit emplacement aura été béni par le sieur Depoix, curé de Monchy-

Lepreux, doyen de chrétienté ; de reconstruire l'église, le presbitaire, former un cimetière dans l'emplacement proposé, le tout aux frais et dépens de qui il appartiendra et sans préjudice aux droits de qui que ce soit. Permettons en outre au sieur curé dudit Beaurains de transporter les vases sacrés, ornemens et fonts baptismaux dans la chapelle du sieur Leducq, située dans ledit lieu, et d'y faire toutes les fonctions curiales pendant la reconstruction de ladite église.

Donné à Arras sous notre seing, le sceau de nos armes et le contre seing de notre Secrétaire, le 15 avril 1763.

† JEAN, évêque d'Arras.

(Archives communales de Beaurains.)

N° 10.

Extrait du rôle de centième du 20 juillet 1779.

Rôle que donnent les bailly, lieutenant, gens de loi, principaux habitants et quatre plus haut cotisés aux centièmes du village de Beaurains-lez-Arras, de tous les biens-fonds, manoirs, terres labourables, moulins, droits de dîme et terrage et de tous biens, droits et revenus généralement quelconques, situés dans ladite paroisse et compris dans les cahiers d'institution et de récolement d'icelle, pour satisfaire aux ordonnances de nos seigneurs les députés généraux et ordinaires des Etats d'Artois du 11 janvier 1778 et du 3 février 1779.

Madame de Fiefs, dame de ce lieu . . . .

1. Le jardin et manoir où est batie sa maison, contenant sept boitelées, tenant au chemin de Neuville-Vitasse, à quatre mesures et demie de M. Poitart, à la rue du Calvaire et à trente-cinq verges du presbytère.

18. M. du Cauroy. Le jardin et manoir où est bâtie sa maison seigneuriale, contenant six boitelées, tenant à la rue du Calvaire, à six mesures du sieur du Cauroy, à une mesure de manoir du sieur Leducq, avocat, et à la rue de Neuville.

2. Item, deux mesures et trois boitelées de manoir non amazé tenant à quatre mesures et demie du sieur Poitart, au chemin de Tilloy, au chemin de Neuville et à la rue du sieur Poitart.

Le sieur de Lagnicourt, seigneur en partie dudit lieu. . . . . .

69. Son jardin et manoir où est batie sa maison seigneuriale, contenant quatre mesures tenant à la rue de Neuville. . . . .

107. Le sieur Leducq, avocat, propriétaire d'une mesure de manoir non amazé. . . . .

166. Louis-François Lefebvre, propriétaire de dix boitelées de manoir où est batie sa ferme, tenant à la rue de l'Eglise.

193. Barthélemy Lemaire, propriétaire de trois boitelées de manoir amazé tenant au chemin d'Arras à Bapaume et à deux boitelées d'André Plouvier.

317. M. Alexandre Poitart, seigneur en partie dudit lieu, pour quatre mesures et demie de manoir où est bâtie sa maison seigneuriale, tenant à la rue du Calvaire et à quatre mesures de la dame de Fiefs.

418. Jean-Guislain Théry, propriétaire de dix verges de manoir amazé tenant à deux boitelées d'André Plouvier, à quinze verges de Martin Pecqueur et au chemin d'Arras.

Fait, arrêté et certifié véritable par nous bailly, lieutenant, mayeur, gens de loi, principaux habitants et quatre plus haut cotisés dudit lieu le 20 juillet 1779.

Joseph Carton, Louis Lefebvre, Lemaire, Louis Blondel, Louis Boulet, Pierre-Louis Blondel, Joseph Darras, Plouvier.

(Archives du Pas-de-Calais, fonds des Etats d'Artois.)

N° 11.

1781. — Vente de la maison seigneuriale des Watines, par M. Poitart à M. Thiébault. — Adjudication de cette maison, avec la seigneurie vicomtière qui en dépend et sa chapelle.

Pardevant les notaires royaux d'Artois, soussignés, sont comparus M. Alexandre Noitart, avocat et trésorier de la chancellerie d'Artois, d'une part; M. Adrien-Dominique-Constantin Thiébault, écuier, conseiller du Roy et substitut de M. le procureur général au Conseil provincial et supérieur d'Artois, demeurant audit Arras, et dame Marie-Rose-Ernestine Pohier, son épouse de lui autorisée, d'autre part; lesquels sont convenus de ce qui suit. Le premier comparant vend, cède, transporte et abandonne aux seconds comparants, pour eux et leur command, les objets cy après déclarés. 1° Le fief et seigneurie vicomtière de Beaurains-lez-Arras consistant en un fief et noble tenement tenu du chateau de Carency..... 2° Toute une maison de campagne et seigneuriale, cour, cave, jardins, pigeonnier, grange, étables, remises, écuries et autres batimens, contenant en tout quatre mesures et demie ou environ, fermés de murailles, situé audit Beaurains et tenus en cotterie de la seigneurie cy dessus, à l'exception d'un quartier enclavé dans l'un desdits jardins, qui est tenu en fief de M. l'abbé de Lagnicourt à cause de sa seigneurie de la Motte en Beaurains; tenante la totalité, d'un côté, à la rue du Puich de la maladerie qui conduit au calvaire et au grand chemin d'Arras à Paris ; d'autre côté à la rue Scaron, et des deux autres sens aux seigneur et dame de Coupigny ; laquelle maison, nommée la Maison des Watines, est rachetée de dixme moyennant une rente annuelle de 50 sols au chapitre d'Arras et 30 sols au curé de Tilloy et Beaurains; faisant ladite maison partie de l'arrentement des gros et domaine de la seigneurie cy dessus, pris par feu M. Augustin Leducq, vivant aussy trésorier de ladite chancellerie, par contrat du 28 décembre 1707, passé à son profit par dame Louise-Antoinette de Beaurains, veuve du sieur Mailliet ; à laquelle maison est aussy attachée une chapelle castrale ou domestique, faisant partie de la présente vente et existante vis à vis ladite maison, et tenante de deux sens au sieur Leducq, avocat, d'autre au sieur de Beauffort du Cauroy, et pardevant faisant face et ayant issue sur la rue du Puich de la maladerie ; le tout ainsy qu'il se comprend et extend, et sans rien réserver ny retenir par le vendeur. Les fief, maison et chapelle cy dessus, et ce qui en dépend, faisant partie des successions tant mobiliaire qu'immobiliaire du sieur Jean-Antoine-Joseph Leducq, oncle du vendeur, à son décès aussy trésorier de ladite chancellerie..... La vente cy dessus se fait francs deniers, moyennant la somme de douze mille six cents livres de prix principal, etc.

Passé à Arras le premier février mil sept cent quatre-vingt-un.

De par le Roy et de Nosseigneurs les Président et gens tenans le Conseil provincial d'Artois.

On fait savoir à tous qu'il appartiendra, qu'en exécution de la sentence de congé d'adjuger obtenue au Conseil provincial et supérieur d'Artois par André Delobelle, bourgeois demeurant en la ville d'Arras, le 6 juillet 1781, à la charge d'Adrien-Dominique-Constantin Thiébault, écuier, conseiller du Roy et substitut de M. le procureur général dudit Conseil, demeurant en la ville d'Arras, et de dame Marie-Rose-Angélique Pohier, il sera le mardi 17 de ce présent mois de juillet, dix heures du matin, au parquet dudit Conseil d'Artois, procédé à la vente et adjudication par décret volontaire, des biens immeubles, terre et seigneurie vicomtière de Beaurains-lez-Arras, maison de campagne et seigneuriale, jardin, pigeonnier au milieu de la cour, chapelle castrale vis à vis icelle..... Premièrement les fief, terre et seigneurie vicomtière dudit Beaurains-lez-Arras, appendances et dépendances, s'extendant sur les villages et terroirs de Beaurains, Vis-en-Artois et aux environs, avec droit de plantis, chasse, terrage ou champart y annexés. Item, toute une maison de campagne et seigneuriale située audit village de Beaurains, avec droit de pigeonnier au milieu de la cour, chapelle castrale vis à vis icelle, contenant en tout quatre mesures et demie ou environ, bien fermée de murailles, tenant d'un côté à la rue du Puich de la maladrerie conduisant au calvaire et au grand chemin d'Arras à Bapaume ; d'autre côté à la ferme des sieur et dame de Coupigny, et d'autre bout à la rue Scaron conduisante à l'église dudit village de Beaurains. Item, une boitelée et demie de terre labourable, etc.

Publié le 17 juillet 1781, pardevant M. le conseiller Thellier, dix heures du matin; adjugé à M. Adrien-Dominique-Constantin Thiébault, écuier, conseiller du Roy et substitut de M. le procureur général du Roy en ce Conseil, moyennant la somme de 12,600 livres, tant pour lui que la dame son épouse, conformément au contrat du premier février dernier, et a signé :

THIÉBAULT, THELLIER.

(Archives du Pas-de-Calais, fonds du Gros d'Arras et du Conseil d'Artois.)

N° 12.

Procès-verbal d'élection de députés chargés de rédiger les cahiers de doléances de la commune de Beaurains en 1789. — MM. Maupin et Blondel sont élus.

Aujourd'hui vingt-neuf du mois de mars mil sept cent quatre vingt-neuf, en l'assemblée convoquée au son de la cloche, en la manière accoutumée, sont comparus au lieu ordinaire des assemblées de la terre et seigneurie de Beaurains-lez-Arras, pardevant nous Jean-Joseph Darras, plus ancien homme de fief faisant fonctions de lieutenant de ladite terre de Beaurains, Adrien Domart, Hilaire Blondel, Jacques-Philippe Petit, Jean-Philippe Delahaye, Jean-Baptiste Boulet, Bruno Wartel, Ambroise Dubuisson, Charles-Joseph Boulet, Antoine-Dominique Villette, Thomas Robilliart, Louis-Joseph Mannier, Louis-Joseph Blondel, Jacques Maupin, Jean Blondel, Jean-Joseph Pecqueur, Guislain Pecqueur, Augustin-Louis Petit, Benoit Richard, Adrien Cottel, Martin Ronnel, Antoine-Guislain Blondel, Pierre-Guislain Théry, Jean-Joseph Darras, Jean-Philippe Darras, Félix Guislain Darras, Rigobert Domart, Albert-Guislain Roger, Pierre-Antoine Ronnel, Mathieu Richard, Dominique-Joseph Hauwelle, Dominique Lequette, Pierre-Antoine Lequette, Félix Bertoux, Jean-Philippe Bertoux, Jacques-François Bétremieulx, Jean-Baptiste Caron, Amand-Louis Carton, Ignace Lequette, Laurent Lequette, Alexandre-Joseph Petit, Guislain-Joseph Ronnel, Romain Bétremieulx, Philippe-Joseph Bétremieulx, Pierre-Louis Bouche, Joseph Blondel, Pierre-Joseph Bétremieulx, Isidore Colle, Charles-François Legay, Pierre-Louis Blondel, Pierre-François Lequette, Jacques-François Lequette et Nicolas Viart, tous nés français ou naturalisés, âgés de vingt-cinq ans, compris dans les rolles des impositions, habitans de cedit lieu de Beaurains composé de cent-vingt feux ; lesquels, pour obéir aux ordres de Sa Majesté portés par ses lettres données à Versailles le 24 janvier 1789 pour la convocation et tenue des Etats généraux de ce royaume, et satisfaire aux dispositions du règlement y annexé, ainsi qu'à l'ordonnance de M. le lieutenant-général du bailliage royal et gouvernance d'Arras du treize de ce mois, dont ils ont déclaré avoir une parfaite connaissance, tant par la lecture qui vient de leur en être faite que par la lecture et publication cy devant faite au prône de la messe de paroisse, par M. le vicaire, ce jourd'hui, et par la lecture, publication et affiche pareillement faites le même jour, à l'issue de la messe de paroisse, au devant de la porte principale de l'église, nous ont déclaré qu'ils allaient d'abord s'occuper de la rédaction de leur cahier de doléances, plaintes et remontrances ; et en effet y ayant vaqué, ils nous ont représenté ledit cahier qui a été signé par ceux desdits habitants qui savent signer, et par nous, et après l'avoir côté par première et dernière page et paraphé *ne varietur* en bas d'icelle.

Et de suite lesdits habitants, après avoir murement délibéré sur le choix des députés qu'ils sont tenus de nommer en conformité desdites lettres du Roy et règlement y annexé, et les voix ayant été recueillies en la manière accoutumée, la pluralité des suffrages s'est réunie en faveur des sieurs Jacques Maupin et Louis-Joseph Blondel, qui ont accepté ladite commission et promis de s'en acquitter fidèlement.

Ladite nomination des députés ainsi faite, lesdits habitans ont, en notre présence, remis auxdits sieurs Maupin et Blondel, leurs députés, le cahier afin de le porter à l'assemblée qui se tiendra le trente de ce mois, huit heures du matin, devant mondit sieur lieutenant général, et leur ont donné tous pouvoirs requis et nécessaires à l'effet de les représenter en ladite assemblée, pour toutes les opérations prescrites par l'ordonnance susdatée de mondit sieur lieutenant général ; et de protester, au nom de ladite communauté de Beaurains, contre tous changemens qui pourroient être apportés à l'exécution des règlemens des 24 janvier et 19 février derniers ; déclarant, ladite communauté, que la mission et pouvoir qu'elle donne auxdits députés ne dureront qu'autant qu'on continuera à exécuter lesdits règlemens ; leur enjoignant de se retirer de l'assemblée en protestant de nullité, aussitôt qu'ils s'apercevront qu'on cessera d'exécuter les règlemens généraux et particuliers adressés à la province d'Artois ; comme aussi de donner tous pouvoirs généraux et suffisans, de proposer, remontrer, aviser et consentir tout ce qui peut concerner les besoins de l'Etat, la réforme des abus, l'établissement d'un ordre fixe et durable dans toutes les parties de l'administration, la prospérité générale du royaume et le bien de tous et chacuns les sujets de Sa Majesté.

Et de leur part, lesdits députés se sont présentement chargés du cahier de doléances dudit lieu de Beaurains, et ont promis de le porter à ladite assemblée, et de se conformer à tout ce qui est prescrit et ordonné par lesdites lettres du Roy, règlement y annexé et ordonnance susdatée. Desquelles nomination de députés, remise de cahier, pouvoirs et déclarations, nous avons, à tous lesdits comparans donné acte, et avons signé avec ceux desdits habitans qui savent signer, et avec lesdits députés, notre présent procès-verbal, ainsi que le duplicata que nous avons présentement remis auxdits députés pour constater leurs pouvoirs, lesdits jour et an. *(Suivent les signatures).*

(Archives du Pas-de-Calais, B. 882).

N° 13.

Arrêté du Directoire, du 3 mai 1792, sur une pétition de Joseph Lebon relative à la maison vicariale de Beaurains.

Vu la Pétition dudit sieur Lebon, expositive que le sieur Decry a quitté Beaurains où il étoit ci-devant vicaire, mais que la maison et le jardin qu'il occupoit seront bientôt dilapidés si la municipalité n'est point autorisée à y mettre un gardien, surtout pendant la nuit ; il espère aussi qu'en remplissant les fonctions de vicaire de Beaurains il fait gagner à la nation une somme de 700 livres, il demande que, par égard pour son zèle, il soit remis chaque mois, à la municipalité, une somme de 13 livres pour être distribuée, d'après le mode qu'il donnera, aux pauvres de Beaurains.

Renvoyé au Directoire du district d'Arras, pour avoir son avis.

(Archives du Pas-de-Calais, registre de la série L.)

N° 14.

Délibération communale du 25 mars 1793, au sujet du contingent militaire à fournir par la commune de Beaurains.

L'an mil sept cent quatre-vingt-treize, deuxième de la République Française, aujourd'hui vingt-cinq mars, à dix heures du matin, en conséquence de la convocation faite par les maire, officiers municipaux et notables formant le Conseil général de la commune de Beaurains, le dimanche 24 présent mois, publié et affiché le même jour, tous, la généralité des citoyens de cette commune se sont assemblés en l'église dudit lieu, pour et en exécution du décret de la Convention nationale du 24 février dernier qui fixe le mode à prendre sur le recrutement de l'armée, et l'instruction y reprise, procéder à la levée du contengent à nous demandé pour le complément de l'armée de trois cens mille hommes, dont la Convention fait appel aux armées de la République, et le mode relativement à cette levée, l'Assemblée s'est formée et la séance a été ouverte en présence et sous l'inspection du citoyen Philippe-Augustin Barbaux, commissaire chargé et pourvu de commission contenant pouvoirs à lui délégués pour suivre et surveiller, dans les diverses communes, les opérations relatives à la levée des contengents, et chargé par ce corps municipal de ce soin et d'expliquer l'objet de la convocation. L'Assemblée a de suite arrêté de nommer un président de voix unanime ; le citoyen Jacques-Thomas Maupin a été invité à faire momentanément les fonctions de président ; ladite Assemblée l'a approuvé et il a été, de cet instant, proclamé président.

L'Assemblée ainsi formée, il a été donné connoissance aux citoyens du nombre de volontaires qu'ils devoient fournir. Lecture faite des articles de la présente loi, ainsi que de celles relatives aux pensions, retraites et gratifications auxquelles les défenseurs de la patrie auront droit de prétendre à la fin de la guerre.

Après plusieurs observations et débats en cette Assemblée, la majeure partie des citoyens de cette commune demandent qu'il fut mis aux voix le mode de compléter sans désemparer le contengent qu'il leur est demandé de la manière suivante, c'est-à dire qu'il soit recruté tous les hommes nécessaires jusque l'entier complément de leur contengent, à quelque prix que ce soit, pour servir volontairement et se consacrer à la deffense de la patrie, à la décharge de cette commune, et que les sommes à convenir avec lesdits volontaires soient réparties de sorte que tous les individus puissent y voir de la justice, en ce que premièrement les garçons soient imposés à raison de douze livres à chacun d'iceux ; deuxièmement deux livres par tête de tous chefs ou pères de famille; et le surplus des sommes à parfaire jusque l'entier payement soient réparties sur toutes les facultés, biens fonds et en loccations de tous les habitans de cette commune, en y observant qu'une mesure de terre en propriété devra payer le tiers en sus d'une de location. Cette proposition fut, par le président, mise aux voix et fut unanimement accueillie, et le mode ainsi adopté.

En conséquence, ladite Assemblée charge le corps municipal de se procurer les sommes nécessaires pour le complément du contengent de cette commune, et d'en faire la répartition des sommes convenues, en la manière optée et dites et prescrittes au présent procès-verbal, desquelles en avons requis acte que nous avons signé. *(Suivent les signatures.)*

(Archives communales de Beaurains, série H.)

N° 15.

Procès-verbal d'une perquisition faite le 6 mai 1793 chez les citoyens Carton et Blondel, au sujet de deux religieux déportés.

L'an mil sept cent quatre-vingt-treize, l'an deuxième de la République Française,

Nous, maire et officiers municipaux et notables de la commune de Beaurains soucigné, sommes transporté le six du présent mois, à six heures d'après midy, dans la maison du citoyen Carton, fermier audit lieu, où étant et aprais avoir fait aparaitre la loy du vingt-un et vingt-trois avril mil sept cent quatre-vingt-treize, et l'extrait du registre aux arétés du département du Pas-de-Calais, avons enterpelet la citoyenne Carton de nous déclarer valablement, et sur sa responsabilité individuel, cy el n'avoit pas auqun meuble et éfet, titre et papier apartenant au refractaire de la loy, sur quois el nous a répondu n'avoir rien d'aultre que ce quil luy apartient; et lui avons demandé en outre sy son frère, ex moine, étoit chez el, el nous a répondue qu'il ny étoit point; nous l'avons enquetoit une segonde fois, pour lui demander sy el ne soit pas où il étoit; el nous a certifiée quel n'en savoit rien.

D'après la susdite maison, sommes transporté sucesivement chez le citoyen Hiler Blondel, abitant du meme lieu, dont il a un fils ex récolet; où étant, et après avons fait aparaitre la loy et larettée du département du Pas-de-Calais cy désu nommé, et nous leur avons fait la même demande comme ci desu; il nous a répondu n'avoir rien contre la loy chez eux, et qu'il ne savoit pas où étoit lex recolet; et nous avons fait perquisition dans l'une et l'autre maison pour nous assurer encor mieux de nautre opération, ce pour q'ois nous vous délivrons ce présent procet verbal fait à Beaurains ce six mai 1793, le jour, mois et an susdit.

Darras, maire provisoir
Huret, mpal
Darras, mpal
Blondel, mpal
François Betremieux, notable
Boulet, notab.

(Archives du Pas-de-Calais, fonds du district d'Arras, liasse 398.)

N° 16.

Souscription pour la reconstruction de l'église en 1807.

En conséquence de la lettre de M. le Général-Préfet du département du Pas-de-Calais, en date eu 6 février 1806, par laquelle il autorise le maire de Beaurains-lez-Arras à convoquer le Conseil municipal pour délibérer sur les moyens à prendre pour la reconstruction de l'église de cette commune, et les moyens d'acquitter la dépense qui en résultera.

Les membres du Conseil municipal, assemblés le 1er de mars 1806, ont unanimement décidé que le seul mode à prendre pour le payement des dépenses qu'occasionnera cet édifice, étoit de proposer aux habitans de cette commune, par l'organe du maire, l'adjoint et plusieurs membres du Conseil municipal, de s'imposer suivant le rôle des contributions foncière d'une année seulement de ce que paye chaque particulier habitant de cette commune.

D'après cette délibération, le maire, l'adjoint et les sieurs Thiébault, Carton et Blondel, membres du Conseil municipal, se sont transportés chez tous les habitans, pour leur demander s'ils veulent souscrire volontairement pour le rétablissement de l'édifice sus énoncé.

Etat des sommes que s'engagent de payer les signataires ci-après dénommés, pour faire reconstruire l'église de la commune de Beaurains-lez-Arras.

SAVOIR :

1.	Jacques Thomas Maupin	300 fr.	»
2.	Amand Louis Carton.	250	»
3.	Louis Joseph Blondel	200	»
4.	Henry Louis François	3	»
5.	Pochet Ernest	6	»
6.	Viart Nicolas Guislain	6	»
7.	Legay Charles.	9	»
8	Boulet Charles Louis	24	»
9.	Delahay Louis Joseph	9	»
10.	Tempez Pierre François.	6	»
11.	Nicolas Tabary	24	»
12.	Lequette Louis Amable.	12	»
13.	Proyart Jean Joseph.	12	»
14.	Domart Alphonse.	6	»
15.	Théry Pierre Guislain	4	»

16. Flochel Charles Henry . . . . 6 fr. »
17. Lequette Laurent. . . . . 12 »
18. Lequette Pierre Martin . . . . 24 »
19. Blondel Augustin. . . . . 24 »
20. Houliez Eustache Bonaventure . . . . 3 »
21. Legrand Guislain Joseph . . . . 9 »
22. Blondel Fleury . . . . 60 »
23. Boulet Xavier. . . . . 46 »
24. Cottel Jean Adrien . . . . 9 »
25. Houliez Jean Joseph. . . . . 3 »
26. Ronnel Louis Joseph . . . . 7 »
27. Col Isidore . . . . 6 »
28. Ronnel Jean Martin . . . . 12 »
29. Hauwelle Albert Guislain . . . . 6 »
30. Les enfants de Guislain Antoine Blondel . . . . . 100 »
31. Boulet Toussaint . . . . 36 »
32. Lequette Jean Louis. . . . . 6 »
33. Tabary Pierre François. . . . . 3 »
34. Bouche Pierre-Louis. . . . . 3 »
35. Blondel Tabary Jean Baptiste. . . . . 52 »
36. Chevalier Charles Fleury . . . . 10 »
37. Wartel Roland Bruno . . . . 100 »
38. Lefebvre Louis (reporté au n° 101) . . . . » »
39. Dhée Dominique, veuve. . . . . 18 »
40. Bétrémieux Albert . . . . » »
41. Lemaire Charles Marie . . . . 6 »
42. Bouche Charles François . . . . 3 »
43. Blondel Hilaire, veuve . . . . 60 »
44. Darras Jean Joseph . . . . 100 »
45. Darras Louis Joseph. . . . . 100 »
46. Flochel Noël . . . . 72 »
47. Blondel Pierre Louis, veuve . . . . 36 »
48. Tranen Louis Philibert (reporté au n° 106). . . . . » »
49. Col Claude . . . . 6 »
50. Pecqueur Marthe Hélène . . . . 3 »
51. Boulet Louis, veuve (la moitié a été payée par Pierre Louis Payen, son gendre . . . . 9 »
52. Boulet Frédéric . . . . 4 »
53. Proyart Charles Guislain . . . . 9 »
54. Domart Henry Gobert, veuve. . . . . 3 »
55. Villette Louis Joseph. . . . . 9 »
56. Roger Albert Guislain . . . . 18 »
57. Lequette Dominique. . . . . 6 »
58. Col Antoine. . . . . 3 »

59.	Plouvier Joseph	6 fr.	»
60.	Dubuisson Ambroise	6	»
61.	Richard Benoit	12	»
62.	Richard Louis Joseph	12	»
63.	Ronnel Nicolas	3	»
64.	Lequette Jean Baptiste	8	»
65.	Bétrémieux Pierre Joseph	3	»
66.	Petit Alexandre	6	»
67.	Petit Augustin Louis	3	»
68.	Dubuisson Fleury	1	50
69.	Lemaire François, mayeur	6	»
70.	Pecqueur Guislain	12	»
71.	Viart Joseph	20	»
72.	Roussel Procope.	6	»
73.	Lemaire Eugène.	6	»
74.	Bétrémieux Antoine	6	»
75.	Boulet Noël Joseph.	24	»
76.	Ronnel Charles Joseph.	3	»
77.	Poiteau Dominique	6	»
78.	Ronnel Antoine, veuve.	6	»
79.	Domart Albert	30	»
80.	Petit Jean Philippe	6	»
81.	Chevalier Louis Joseph.	9	»
82.	Blondel Claude	3	»
83.	Pérot Barthélemy, veuve.	6	»
84.	Leflon Jacques, veuve.	12	»
85.	Ronnel Guislain Martin Joseph	12	»
86.	Louis François Marie Thiébault et sa mère	300	»
87.	Huret Eloy	6	»
88.	Louis Joseph Huret.	24	»
89.	Louis Joseph Plouvier	16	»
90.	Blondel Jean (a souscrit au n° 95)	»	»
91.	Leroux Constant.	6	»
92.	Blondel Louis Joseph	18	»
93.	Plaisant Albert	40	»
94.	Blondel-Caboche Jean-Baptiste	12	»
95.	Blondel Jean	200	»
96.	Boulet Charles Louis	12	»
97.	Houliez Guislain Joseph	2	»
98.	Boulet Adrien Joseph	3	»
99.	Delahay Charles.	3	»
100.	Lefebvre Louis	30	»
101.	Rogez Guislain	3	»
102.	Lamiral Alexis	3	»

103.	Bétrémieux Albert	12 fr.	»
104.	Darras Jean Philippe	6	»
105.	Hauwelle Dominique	6	»
106.	Tranen Louis Philibert	50	»
107.	Bouche Jean Joseph	3	»
108.	Bétrémieux Jacques, veuve	3	»
109.	Dubrule Jean Baptiste	12	»
110.	Bertoux Félix	9	»
111.	Plouvier Dominique	24	»
112.	Commandeur	6	»
113.	Rogez Jean Baptiste	3	»
114.	Les enfants d'Augustin Blondel	60	»
115.	Houliez Jean Baptiste, dit Mordfort	6	»
116.	Leroy Nicolas	6	»
117.	Boulet Jean Baptiste, veuve	3	»
118.	Boulet Fleury, veuve	3	»
119.	Pecqueur Philippe Ignace	4	»
120.	Col Isidore (au n° 27)	»	»
121.	Falempin Jean Baptiste	6	»
122.	Dhée Julien	2	»
123.	Legrand Charles, veuve	2	»
124.	Chevalier Pierre Fleury, charron	12	»
125.	Darras Félix Guislain	20	»
126.	Plouvier Pierre Joseph	15	»
127.	Viart Eugène, dit Rigot	6	»
128.	Plouvier André Joseph	7	»
129.	Lequette Guislain, dit le Blond	3	»

La souscription volontaire des habitants de la commune de Beaurains-lez-Arras est de trois mille quatre-vingt-cinq francs.

A Beaurains-lez-Arras le 10 avril 1807. J. MAUPIN, maire.

Vu, approuvé et rendu exécutoire par le Général de brigade, Préfet du département du Pas-de-Calais, membre de la Légion d'honneur.

En l'hôtel de la Préfecture à Arras le 4 mai 1807.

LA CHAISE.

Les personnes ci-après ne sont pas portées sur le tableau de souscription.

Reçu	du sieur Eugène Lefebvre	100 fr.
—	du sieur Pierre Lequette	18
—	de François Legay	3
—	de la veuve Philippe François Pecqueur	1

(Archives communales de Beaurains, série Q.)

N° 17.

Inventaire général des Archives de la commune de Beaurains.

Série CC.

1763-1775. — Etat des sommes reçues par les sieurs Joseph Carton et Louis-François Lefebvre, pour la vente du sable extrait dans le terrain de l'ancien cimetière. — Quittance d'une somme de 45 livres 5 sous payée au notaire Cocquel, par la commune de Beaurains, pour vacations et droits y mentionnés. — Etat des salaires dus au sieur Cornu, arpenteur, qui a procédé au mesurage des terrains destinés à l'emplacement du nouveau presbytère, du cimetière et de l'église ; qui a fait le plan de cet édifice et en a dressé les devis et conditions ; — quittance de la somme de 36 livres payée audit sieur Cornu. — Rentes créées par la communauté de Beaurains au profit de plusieurs particuliers ; quittances délivrées pour en constater le payement. — Frais de procès payés au sieur Grenier, procureur à Arras. *(Vingt-sept pièces).*

Série DD.

1763-1764. — Echange de terrains entre la communauté de Beaurains et messire Adrien-François-Valentin du Carieul, chevalier, seigneur de Fiefs et autres lieux. Stipulations relatives à l'église et au cimetière ; publication de cet acte et résolutions prises par les habitants afin de parvenir à la construction d'une nouvelle église. — Permission accordée par Monseigneur Jean de Bonneguise, évêque d'Arras, aux habitants de Beaurains, pour démolir leur église et la faire rebâtir sur un nouvel emplacement ; ladite permission s'appliquant aussi à la formation d'un nouveau cimetière et à la construction d'un presbytère. — Procès-verbaux de visite et d'estimation des travaux supplémentaires de maçonnerie et de charpenterie, exécutés à la nouvelle église par les sieurs Pierre-Antoine Vitasse et Antoine-Joseph Lagny. *(Quatre pièces).*

Série FF.

1765 et 1766. — Avis donné par M. Stoupy, conseiller à Arras, duquel il résulte que le curé de Beaurains et Tilloy ne peut plus prétendre à aucun droit dans son ancien presbytère, attendu qu'il a établi sa résidence à Tilloy. — Résolution prise par la commune de Beaurains à l'effet de se pourvoir au Conseil d'Artois contre M. Crampon, curé de Beaurains et Tilloy, et d'obtenir qu'il se désiste des terres appartenant à l'église. — Requête adresséé au Conseil d'Artois par M. Crampon, curé, contre les habitants de Beaurains qui contestaient ses droits dans la jouissance de deux mesures de terre appartenant par moitié à la cure et à l'église. — Avis donné par les sieurs Stoupy et Leducq, au sujet de la propriété et jouissance des biens de l'église de Beaurains. — Requête contre M. Crampon, curé ; — assignation à lui donnée, de la part des habitants de Beaurains, pour comparaître au Conseil d'Artois. *(Six pièces).*

Série GG.

1588-1763. — Déclaration faite par M. Benoit Lebon, curé de Beaurains et Tilloy, au sujet des biens appartenant aux églises de ces deux communes, et des droits de dîme attachés à la cure. — Dénombrement donné au sieur Louis de Beauselle, seigneur de Mercatel, par M. Jean Leducq, curé de Beaurains, et les sieurs Guislain Laguilliez et Guislain Dehée, marguilliers, pour deux mencaudées et neuf boitelées de terre. — Baux des terres appartenant à l'église et à la cure de Beaurains. *(Vingt-trois pièces).*

1704-1792. — Registres de l'état civil de la commune de Beaurains. — 1° registre de 1704 à 1736 ; — 2° registre de 1737 à 1756 ; — 3° registre de 1757 à 1776 ; — 4° registre de 1777 à 1792. *(Quatre registres reliés).*

1698-1700. — Arrêts du Conseil d'Etat et du Parlement, et lettres patentes du roi Louis XIV, qui unissent à l'hôpital Saint-Jean de la ville d'Arras les biens et revenus de différents hôpitaux et maladreries, entre autres ceux de la maladrerie du Petit-Val de Beaurains. *(Six pièces).*

Série A.

Bulletin des Lois, 1795 à 1875. *(Collection incomplète).*

Série B.

Mémorial administratif et Recueil des Actes de la Préfecture. 1808 à 1892.

Série C.

Code Napoléon, Annuaire du Pas-de-Calais, Manuel des Maires, Code des poids et mesures, Moniteur des communes, etc.

Série D.

1° Délibérations du Conseil municipal. An XI à 1892. *(Trois pièces).*
2° Liste de souscription pour la reconstruction de l'église en 1807.
3° Inventaires des Archives et procès-verbaux de récolement.

Série E.

Registres de l'état civil :
1° Naissances . . . 1792 à 1892.
2° Mariages. . . . — d° —
3° Décès. . . . . — d° —
4° Tables décennales. 1793 à 1882.

Série F.

1° Dénombrement de la population. 1820 à 1891.
2° Mouvement de la population. Etat des années 1853 à 1890.
3° Tribunal de commerce. Liste des électeurs. 1884 à 1890.
4° Liste des commmerçants. 1872.
5° Statistique agricole. Questionnaires, rapports, correspondance. 1836 à 1882.

Série G.

1° Atlas cadastral publié en 1808. (*Dix feuilles reliées en un volume*).
2° Etats de classement parcellaire par section, des propriétés bâties et non bâties. 1810.
3° Matrice cadastrale de 1823, contenant le procès-verbal de délimitation de la commune du 10 août 1808.
4° Matrice cadastrale de 1888.
5° Livre des mutations de propriétés. 1824.
6° Matrices générales. 1822 à 1891.
7° Matrice cadastrale des propriétés bâties. 1881.
8° Etats des cotes irrécouvrables. 1808 à 1881.

Série H.

1° Réquisitions de chevaux, voitures, fourrages, etc. Correspondance. circulaires et pièces diverses de 1793 à 1870. *(25 pièces).*
2° Tableaux de recensement. 1814 à 1890. *(72 pièces).*
3° Armée territoriale. Tableau de recensement des classes de 1855 à 1866 ; correspondance et diverses pièces de l'année 1874. *(7 pièces).*

4° Déclaration et classement des chevaux et mulets susceptibles d'être requis pour l'armée en cas de mobilisation ; recensement des voitures attelées. 1874 à 1891. *(44 pièces).*

5° Garde nationale sédentaire. Listes des hommes inscrits sur les contrôles. Correspondance et pièces diverses. 1830 à 1856. *(259 pièces).*

6° Garde nationale mobile. Etats de recensement. 1848 et 1870. *(4 pièces).*

7° Garde nationale mobilisée. Listes des hommes de 21 à 40 ans, correspondance, fournitures. 1870. *(10 pièces).*

8° Sapeurs-pompiers. Arrêté préfectoral et notes de fournitures diverses. 1861 à 1865. *(3 pièces).*

Série I.

1° Règlements sur la police générale de la commune, le glanage, la fermeture des pigeonniers, la divagation des chiens, etc. ; Correspondance et pièces diverses. 1827 à 1888. *(18 pièces).*

2° Demandes d'autorisations pour débits de boissons; bals publics. 1871 et 1880. *(3 pièces).*

3° Mendicité. Correspondance. 1847 et 1848. *(4 pièces).*

4° Police des inhumations; autorisations pour transports de corps. 1804 à 1874. *(24 pièces).*

5° Passeports. 1816 à 1839. *(64 pièces).*

6° Emigration en Algérie. Correspondance. 1842 et 1845 *(3 pièces).*

7° Poids et mesures. Etats, correspondance et pièces diverses. 1807 à 1840. *(30 pièces).*

8° Condamnés libérés. Correspondance des années 1834, 1839 et 1855. *(4 pièces).*

9° Invasion du choléra. Correspondance. 1834 et 1835. *(3 pièces).*

10° Etats récapitulatifs des vaccinations. 1866 a 1890. *(10 pièces).*

11° Etablissements dangereux, insalubres ou incommodes. Arrêté préfectoral et correspondance. 1838 à 1851. *(6 pièces).*

12° Puits et carrières. Correspondance et pièces diverses. 1844 à 1879. *(9 pièces).*

13° Police. Affaires diverses. 1795 à 1883. *(43 pièces).*

14° Protection des enfants du premier âge. 1879 à 1889. *(6 pièces).*

Série K.

1° Listes des électeurs. 1832 à 1891. *(255 pièces).*

2° Nominations et élections de maires et adjoints. 1796 à 1871. *(46 pièces).*

3° Elections de conseillers municipaux. 1834 à 1888. *(43 pièces).*

4° Gardes-champêtres. Nominations, correspondance. 1806 à 1871. *(16 pièces).*

5° Elections des conseillers généraux. 1852 à 1886. *(11 pièces).*

6° Elections de conseillers d'arrondissement. 1838 à 1889. *(9 pièces).*
7° Elections de députés, 1849 à 1889. *(38 pièces).*
8° Délégués pour les élections sénatoriales. 1876 et 1890. *(4 pièces).*
9° Plébiscites de 1851 et 1870. *(4 pièces).*
10° Listes du jury. 1849 à 1873. *(7 pièces).*

Série L.

1° Budgets et comptes, avec pièces justificatives. 1792 à 1822. *(541 pièces).*
2° Budgets et comptes. 1823 à 1843. *(59 pièces).*
3° Budgets. 1844 à 1892. *(99 pièces).*
4° Mesurage et jaugeage. Arrêtés, correspondance, etc. 1803 à 1876. *(12 pièces).*
5° Rôles de la taxe municipale sur les chiens. 1859 à 1891. *(15 pièces).*
6° Comptabilité communale, Etats, correspondance, instructions, etc. 1793 à 1888. *(60 pièces).*

Série M.

1° Eglise, cimetière et maison d'école de garçons. Plan, devis, procès-verbaux, correspondance. 1809 à 1870. *(28 pièces).*
2° Presbytère. Acte d'acquisition, travaux de réparation. 1804 à 1834. *(54 pièces).*
3° Maison d'école de filles. Acte d'acquisition, plan et correspondance. 1867 à 1877. *(30 pièces).*
4° Police d'assurance des bâtiments communaux. 27 mai 1885. *(Une pièce).*

Série N.

1° Plantation d'arbres. Lettre du 31 janvier 1856.
2° Vente d'arbres provenant du cimetière. 6 mai 1860.

Série O.

1° Arrêté préfectoral ordonnant la restitution des terrains usurpés sur les rues et chemins de la commune ; procès-verbaux de visite ; — suppression de deux sentiers ; — tableaux des chemins ; correspondance. 1803 à 1865. *(12 pièces).*
2° Arrêtés d'autorisation : pour construction de bâtiments et de moulins, l'alignement des maisons sur la route, etc. ; correspondance y annexée. 1807 à 1882. *(85 pièces).*
3° Chemins vicinaux. Plan de la traverse de Beaurains, comptes de travaux et fournitures, rôles de prestation, correspondance. 1803 à 1876. *(177 pièces).*

4° Demande de concession de mines de houille (MM. Boca). Lettres du Préfet, 7 juin et 10 novembre 1836.

Série P.

Eglise, calvaire, chapelle. Inventaires de mobilier, arrêtés préfectoraux, circulaires, correspondance, etc. 1792 à 1843. *(52 pièces).*

Série Q.

1° Bureau de bienfaisance. Personnel, délibérations, correspondance et pièces diverses. 1846 à 1873. *(53 pièces).*

2° Médecine de bienfaisance. Listes nominatives des familles indigentes ; rapports annuels. 1861 à 1891. *(36 pièces).*

3° Secours aux indigents. Rôle de répartition et correspondance. 1877. *(4 pièces).*

4° Atelier de charité Correspondance (1847) et états relatifs aux travaux exécutés depuis le 24 avril jusqu'au 25 mai 1848. *(13 pièces).*

5° Incendies ; secours aux incendiés. Souscription, primes pour toitures en matériaux incombustibles, correspondance, etc. 1840 à 1874. *(47 pièces).*

6° Malades indigents admis à l'hôpital d'Arras. 1832 à 1856. *(5 pièces).*

7° Maladrerie du Petit-Val. Déclarations de biens, correspondance, etc. 1790 à 1849. *(17 pièces).*

8° Aliénés. Correspondance et renseignements divers. 1834 à 1855. *(55 pièces).*

9° Enfants trouvés, abandonnés ou assistés. Correspondance. 1838 à 1874. *(13 pièces).*

Série R.

1° Ecole de garçons. Rôle de la rétribution scolaire, registres matricules et d'appel, inventaires du mobilier et de la bibliothèque ; correspondance et pièces diverses. 1834 à 1891. *(112 pièces).*

2° Ecole de filles. Rôles de la rétribution scolaire, liste des enfants admis gratuitement, inventaires du mobilier et de la bibliothèque ; registres matricules et d'appel. 1863 à 1891. *(12 pièces).*

3° Asile et ouvroirs. Lettre du recteur de l'Académie de Douai, du 26 mai 1845.

4° Instituteurs. Arrêté, délibérations, correspondance. 1816 à 1846. *(4 pièces).*

5° Institutrices. Arrêté préfectoral et lettre de l'inspecteur de l'enseignement. 1874 et 1876. *(2 pièces).*

Pièces diverses.

Circulaires de 1803 à 1848 concernant la chasse, la vaine pâture, les délits ruraux et forestiers, etc. *(22 pièces imprimées).*

PLAN du Village et Terroir de Beaurains. — 1892.

NOTA — Les chaumières sont désignées par des lignes transversales :

Pl. 9.

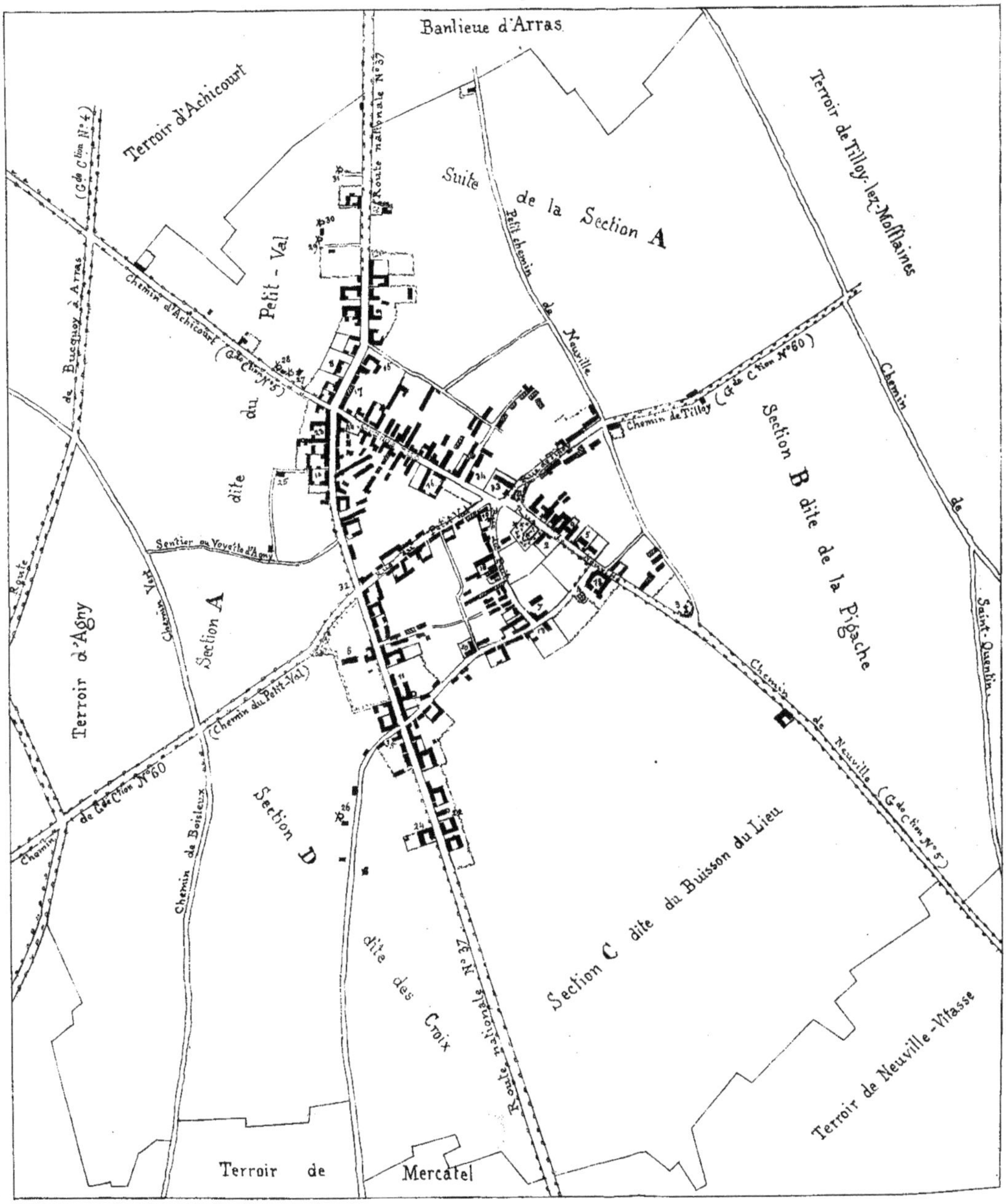

Banlieue d'Arras

Terroir d'Achicourt

Terroir de Tilloy-lez-Mofflaines

Suite de la Section A

Petit chemin de Neuville

Route nationale N° 37

Chemin de Bucquoy à Arras (G^de C^tion N° 4)

Chemin d'Achicourt (G^de C^tion N° 5)

Section A dite du Petit-Val

Chemin de Tilloy (G^de C^tion N° 60)

Section B dite de la Pigache

Chemin de Saint-Quentin

Sentier au Voyette d'Agny

Terroir d'Agny

Chemin Vert

Section A

Route

Chemin du Petit-Val

Chemin de G^de C^tion N° 60

Chemin de Boisleux

Section D dite des Croix

Chemin de Neuville (G^de C^tion N° 5)

Section C dite du Buisson du Lieu

Route nationale N° 37

Terroir de Neuville-Vitasse

Terroir de Mercatel

PLAN

DU VILLAGE ET TERRITOIRE DE BEAURAINS

DE L'ANNÉE 1892

avec chiffres indicateurs et renseignements divers.

N° 1. Eglise et cimetière.
2. Presbytère.
3. Calvaire.
4. Chapelle de Notre-Dame de Miséricorde.
5. Maison de M. Cuvelier, maire.
6. Maison de Mme Thiébault.
7. Château de Mlle Thiébault, nommé autrefois la maison des Watines.
8. Maison de Mme Blondel-Paradis.
9. Maison de Mlle Elise Plaisant.
10. Maison de M. Jules Paradis.
11. Maison et brasserie de M. Pagniez.
12. Ferme de M. Parenty, ayant appartenu à la famille de Beauffort.
13. Maison de M. Parenty.
14. Maison de M. Duflos.
15. Ferme de M. Plaisant.
16. Ancienne ferme de la famille Lefebvre.
17. Chaumière du XVIIIe siècle.
18. La Mairie et l'école de garçons.
19. L'école de filles et la maison de l'institutrice.
20. L'école libre tenue par des religieuses de l'Immaculée-Conception.
21. La place communale nommée la Fontaine.
22. Usine de MM. Joseph et Edouard Wartel,
23. Usine de Mme Blondel-Bauduin.
24. Usine de M. Bauvin.
25. Fabrique à chicorée de MM. Paradis et Morel.
26. Moulin à farine de M. Florimond Dubois.
27. Moulin à l'huile de M. Jean-Baptiste Parent, construit en 1790.
28. }
29. } Moulins de M. Jean-Baptiste Parent.
30. }
31. Moulin de M. Viart-Beaurain.
32. Emplacement de la maladrerie du Petit-Val.
33. Terrain de l'ancienne église et de l'ancien cimetière.
34. Terrain de l'ancien presbytère.
35. Emplacement de l'ancienne croix.

INDEX

DES DIVISIONS PRINCIPALES DE L'OUVRAGE

ET DE SES SUBDIVISIONS

Première Partie.

Deuxième Partie.

Troisième Partie.

Quatrième Partie.

Cinquième Partie.

PLANCHES ET DESSINS.

TABLE DES NOMS DE PERSONNES

TABLE DES NOMS DE LIEUX

TABLE DES MATIÈRES

Arras. — Imp. de la Société du *Pas-de-Calais*, P.-M. Laroche, directeur.

www.ingramcontent.com/pod-product-compliance
Ingram Content Group UK Ltd.
Pitfield, Milton Keynes, MK11 3LW, UK
UKHW021123220726
13924UKWH00004B/1883